PALGRAVE FOUNDATIONS LANGUAGES

French 1

3RD EDITION

Dounia Bissar — is Lecturer in French at the University of Essex, UK

Helen Phillips — is Staff Tutor (Languages) at The Open University in Wales/Y Brifysgol Agored yng Nghymru, UK

Cécile Tschirhart — is Head of Learning, Teaching and Student Experience at the Cass, London Metropolitan University

Tom Carty
Series Editor — Formerly Principal Lecturer in German and IWLP Programme Leader at Staffordshire University and the University of Wolverhampton

Review Panel for the Third Edition

Marie-Béatrice Boucheny, French Tutor and Work Placement Officer, Department of Modern Languages, University of Birmingham

Jo Brown, Lecturer, The Language Centre, University of Nottingham

Marianne Connors, Evening Language Programme Tutor, Foreign Language Centre, University of Exeter

Emilie Grinan-Coley, Language Tutor in French, Department of Modern Languages, University of Birmingham

Anna Johnston, Teaching Fellow in French, Centre for Foreign Language Study, School of Modern Languages and Cultures, Durham University

Virginie Pignot-Shahov, Teaching Fellow in French, University of Southampton

Denis Romégoux, French Assistant coordinator, MLTC (Modern Languages Teaching Centre), University of Sheffield

macmillan
education

First published 2001
Reprinted seven times
Second edition 2008
Reprinted ten times
Third edition published 2016 by
PALGRAVE

Palgrave in the UK is an imprint of Macmillan Publishers Limited, registered in England, company number 785998, of 4 Crinan Street, London, N1 9XW.

Palgrave® and Macmillan® are registered trademarks in the United States, the United Kingdom, Europe and other countries.

ISBN: 978-1-137-57919-5 paperback

This book is printed on paper suitable for recycling and made from fully managed and sustained forest sources. Logging, pulping and manufacturing processes are expected to conform to the environmental regulations of the country of origin.

A catalogue record for this book is available from the British Library.

Audio production: University of Brighton Media Centre
Produced by Brian Hill

Audio voices: Hubert Liagre, Marie-Stéphanie Labattu, Jean-Louis Ropers, Micheline Maupoint, Dominique Le Duc, Thérèse Rosenfeld, Alix Huchet, Fabrice Bourgelle-Pyres, Alexis Molho, Oriane Angot-Beaugrand, Marc Grimouille, Elodie de Winne and Tiffany Huret

Video actors: Clémentine Baudet, Jérémy Bouchan, Francesca Brazzorotto, Petty Charavitsidou, Michele Cheng, Elisabeth Detisova, Jean-Baptiste Huong, Nikini Jayatunga, Ludovic Lebeau, Anne Mora, Joffrey Planchard, Mona Singh, Vladimir Spach and Judith Taboy

Printed and bound in China

Contents

Overview

	Communication skills	Vocabulary	Grammar
1	• greetings • introducing yourself • asking/answering personal questions	• greetings • nationalities • occupations/studies • workplaces • numbers 1–70	• masculine/feminine • verbs: *être, faire*; verbs ending in *-er* (singular forms); negatives • asking questions
2	• giving/understanding information about friends and family • ordering snacks and drinks	• family • snacks and drinks	• verbs: *avoir*; verbs ending in *-er* (plural forms) • articles • possessive adjectives
3	• talking about everyday activities • asking for/giving the time • explaining what you like/dislike/have to do	• days of the week • expressions of time • meals • leisure activities	• prepositions *à* and *de* followed by *le* or *les* • verbs: *aller*; verbs ending in *-ir* and *-re*; verbs followed by the infinitive
4	• understanding street signs • asking for/giving directions • shopping for clothes and food • expressing preferences	• directions and locations • buildings and shops • clothes • colours • numbers 70+	• verbs: imperative • prepositions of location • pronouns *le, la, les* • demonstrative adjectives • descriptive adjectives • article *du*
5	• locating places on a map • explaining what you are going to do • requesting/giving travel information • understanding timetables	• countries and regions • trains: travel, tickets, etc. • other means of transport	• prepositions before towns and countries • verbs: *aller* + infinitive; *pouvoir, devoir* and *il faut* • pronoun *y*

	Communication skills	Vocabulary	Grammar
6	• making a hotel booking • making complaints • understanding holiday brochures • describing accommodation	• months and seasons • hotel facilities • home: rooms and furniture	• verbs: reflexives • comparisons (with adjectives) • *pas <u>de</u>*
7	• making a telephone call • arranging to meet someone • describing physical appearances • ordering a meal	• expressions used on the telephone • expressions used to make suggestions • physical appearance • restaurant dishes	• verbs: introduction to conditional • pronoun *on* • pronouns *lui* and *leur* • pronoun *en*
8	• talking about what you did last weekend • explaining why you are late • talking about your last holiday • describing places and the weather	• types of holidays • holiday activities • vocabulary used to describe places • weather	• verbs: perfect tense • *pendant* and *il y a*
9	• talking about your background • describing your education • describing your work experience	• studies • exams and qualifications • vocabulary used to write a CV	• *pendant* and *depuis* • verbs: reflexives in the perfect tense; agreement of the past participle
10	• describing your intentions • asking for and giving an opinion • agreeing/disagreeing	• work experience • expressions used when saying goodbye • leisure activities • expressions of opinion	• verbs: future tense • *moi, toi, lui, …*

Acknowledgements

The following illustration sources are acknowledged:

BananaStock/Punchstock p. 3; BRAND X Pictures pp. 4, 18, 25 (bottom left), 29, 87 (right), 95, 114, 129; Bananastock pp. 5, 14 (left), 25 (top left and top right), 35 (left), 115 (top), 126, 131; Cécile Tschirhart pp. 28 (right), 37 (photo 5); Creatas pp. 99, 114; Digital Stock/Corbis p. 114; Digital Vision pp. 12, 35 (right), 55, 100, 105, 134, 140; DigitalVision/Punchstock p. 33; Getty pp. 71 (top), 93; Getty Images/Brand X/Thinkstock p. 114; Getty Images/iStockphoto Thinkstock Images p. 137; Getty Images/iStockphoto Thinkstock Images\Artem Zhushman p. 140; Getty Images/iStockphoto/Thinkstock\Julien Grondin p. 6 (top right); Getty Images/ iStockphoto Thinkstock Images\mercedes rancao p. 65 (bottom); Getty Images/iStockphoto/ Thinkstock\Nicole S. Young p. 65 (top); Getty Images/iStockphoto Thinkstock Images\ Sophia_Apkalikov p. 25 (bottom centre); Getty Images/iStockphoto Thinkstock Images\ XiXinXing p. 54; Getty Images/Thinkstock\altrendo images p. 39; Getty Images/Thinkstock Images\Jupiterimages p. 25 (top centre); Goodshoot p. 21; Helen Phillips p. 37 (photos 8 and 9); Image Source pp. 27, 37 (photo 4), 45, 77, 79 (both), 80, 92, 115 (bottom), 142; Image Source/DIRK LINDNER p. 15; Image Source/James Purssell p.138; Image Source/Johannes Kroemer CM p. 31; Image Source/Michael Gross p. 71; © iStockphoto.com/ACMPhoto p. 75; © iStockphoto.com/akrp pp. 49, 50; © iStockphoto.com/danieldefotograaf p. 40; © iStockphoto.com/eyecrave p. 6 (bottom left); © iStockphoto.com/keeweeboy p. 6 (bottom right); © iStockphoto.com/kevinruss p. 6 (top left); © iStockphoto.com/kissesfromholland p. 22; © iStockphoto.com/PeterEtchells p. 76; Macmillan Australia p. 91; Medio images p. 114; Nikini Jayatunga pp. 23, 24, 28 (left and centre), 34, 37 (photos 1, 2, 3, 6, 7), 41, 53 (all), 81, 82 (both), 86, 87 (left), 88 (right), 98, 116, 133, 136; Photoalto pp. 1, 88 (left); Photodisc pp. 13, 31, 36 (left), 101, 114; Photodisc/Getty Images pp. 14 (right), 71 (middle), 122, 124; Punchstock/Getty Images p. 25 (bottom right); Purestock/ Punchstock/ Getty Images p. 123; © Royalty-Free/Corbis p. 36 (right), 97, 132; Stockbyte pp. 110, 113; Vladimir Spach p. 92 (bottom)

The authors would like to thank everyone who helped by posing for photographs.

Every effort has been made to trace all copyright holders, but if any have inadvertently been overlooked the publishers will be pleased to make the necessary arrangements at the first opportunity.

Introduction

Teaching notes

Foundations French 1 is a course for beginners, principally aimed at students taking a language module on an Institution-Wide Languages Programme (IWLP) or similar. In terms of the Common European Framework, it delivers level A2+, with several competences at B1. Its structure and content are informed by research and consultation within the HE sector and the authors are experienced academics and practitioners on IWLP-style university courses. We keep closely in touch with departments using *Foundations Languages* courses and are particularly grateful to the members of the *Foundations French 1* Review Panel for their feedback and ideas, which contributed to this third edition. To find out more about the Foundations Languages Series, visit the dedicated website at he.palgrave.com/foundations.

Structure

The *Foundations French 1* course is designed to fit the typical university teaching year and assumes two or three hours of class contact per week. (For intensive courses with more contact hours *Foundations French 2* is the ideal follow-up.) There are ten units, structured in the same way. Extension work, pairwork pages and a private study strand provide flexibility. Grammar and vocabulary are fully supported within each unit as well as in the reference pages. New for this third edition is a companion website with additional activities including extra video clips with comprehension exercises, short informative texts for reading and cultural awareness and additional grammar exercises.

The standard structure for each unit is as follows.

Element	Number of pages	Function	Skills*
Core	6/8	Introduces, practises new material	LSRW
Extra!	1	Extension work (e.g. longer dialogues, more demanding reading)	LR
Grammaire	2	One page exposition, one page exercises	RW
Vocabulaire	1	French–English, listed by topic	RSL
Travail à deux	2	Consolidation	S
Exercices supplémentaires	2	Consolidation, private study	LSWR
Extra video exercises	Web	Consolidation	L
Découvrir texts	Web	Cultural awareness	R
Extra Grammar exercises	Web	Consolidation	RW

*Skills: L = Listening, S = Speaking, R = Reading, W = Writing

Methodology

The introduction of new material is carefully prepared and dosed. Typically, it builds upon a listening item, most often combined with reading-based exercises on the text of the dialogue, sometimes with questions, wordsearch or matching exercises. Once the input is introduced, follow-up exercises apply and develop it.

To facilitate the use of French in the classroom, the exercises in the unit cores are marked with an icon indicating the linguistic activity or activities involved. They are listed and explained on page xiii.

Guided tour

There are ten **units** in this course. All have the same clear, consistent structure, which you will soon get used to.

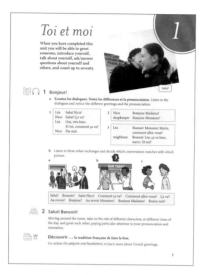

The short **summary** at the start of the unit tells you what the themes are and describes what you will be able to do with the language once you have completed the unit. That's a key word (*do*): while language learning requires and develops knowledge and understanding, above all it means developing the capability of using the language in given circumstances.

The **Extra!** material is a little more challenging. It's important to avoid the temptation to fret over every word: check what information you are being asked for and listen or read with that in mind.

The **core** section is where new material is introduced, then practised and used in various ways. It is absolutely vital to spend time and effort mastering this material. Be guided by your tutor. He or she will introduce it in class or ask you to prepare it in advance.

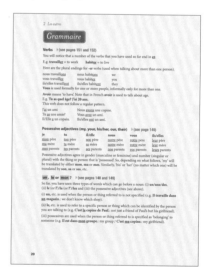

Two pages are devoted to the **grammatical structures** you have met in the unit, with exercises to practise them. There are more related exercises online. If you wonder what a grammatical term means, look it up in the **Guide to grammatical terms** on pages 146–147. The first page gives you a clear overview of the grammar content of the unit, and the second provides a set of short exercises so that you can test yourself (answers at the back of the book). Don't skip these pages: they simply clarify and check off grammatical structures you have met and used in the course of the unit. This is how you become aware of the language as a system.

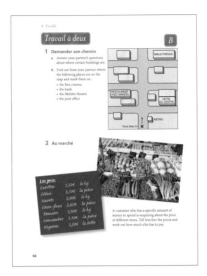

This is the **new vocabulary** from the unit. You can listen to the words through the ebook and repeat them for practise. Learn them as you go along and revise them regularly.

Two pages of **partnerwork** offer communication exercises where you are given prompts for half a conversation (Partner A page) and your partner has the prompts for the other half (Partner B page). The challenge is to use the language you have learnt to communicate information your partner needs and to respond to what he or she says. The **partnerwork** material can be used in or out of the classroom to develop communication skills. The scenarios are always based on the material in the unit core, so you are securely in a known context.

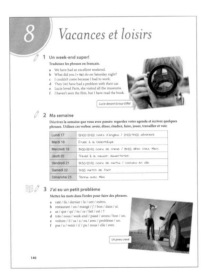

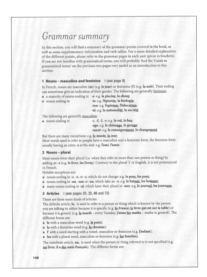

Beginning on page 125 there are **supplementary exercises** for each unit. These are for work outside the classroom. Your tutor may sometimes set work from these pages or you can use them as and when it suits you to consolidate what you have done from the unit core. Answers are given at the back of the book. As the section on **Learning a language** stresses, work outside the classroom, both that set by the tutor and that done on your own initiative to meet your own priorities, is an essential part of a taught language course.

For reference there are a **guide to grammatical terms**, an overall **grammar summary** and a **vocabulary list**. Also at the end of the book, you will find **answers** to all the exercises.

Digital resources

Downloadable interactive ebook

Free with every copy of the print book is access
to an interactive ebook version with embedded
multimedia content, including:

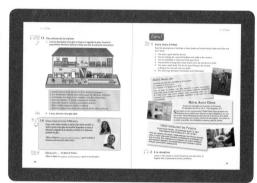

- **All audio clips** relating to exercises in the
  book.
- **New videos clips** allowing consolidation of
  language points, as well as observation of
  cultural behaviour such as gestures, body
  language, facial expressions, etc.
- All the *Vocabulaire* pages voiced for extra practice.

Companion website resources

There is a wealth of extra resources at **he.palgrave.com/foundations** including:

For students:

Extension video clips and exercises, allowing
you to consolidate the language covered in
each unit.

Découvrir texts, short cultural pieces that
provide you with useful information on the
language and aspects of life in France.

Extra grammar exercises to give you further
practice in the use of specific structures.

A video and an audio transcript.

For tutors:

Downloadable audio MP3 and video MP4
files, for when you cannot use the interactive
ebook in class.

A video and an audio transcript.

CDs are available on request for tutors
unable to use MP3s or the interactive ebook.
Please visit our website for more details.

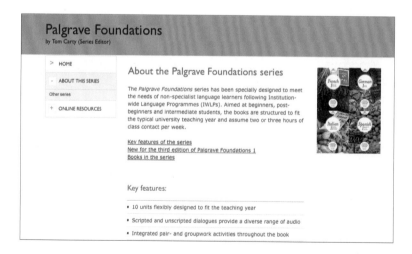

Learning a language

A language-learning programme is essentially workshop-based rather than lecture-based. It involves active classroom sessions and a variety of social interactions, including working with a partner, small-group activity and role-play, as well as answering questions and working through exercises. Feeding into the classroom sessions and flowing from them is what is called directed study, set by your tutor but allowing you a lot of flexibility in organising your work in ways that suit you. Beyond that there is private study, where you determine the priorities.

Increasing attention is now paid to **transferable skills**, that is skills which are acquired in one context but which can be used in others. Apart from competence in the language itself, successful language learning is also recognised to be rich in skills particularly valued by employers, such as communication skills and self-management.

How can you make sure you get maximum benefit from your language course?

1 A practical point first. Check the course or module guide and/or syllabus to see exactly what is required of you by your university or college. In particular, find out how the course or module is assessed. The course guide and assessment information will probably be expressed in terms of the four language skills of listening, speaking, reading and writing. The relative importance of these skills can vary between institutions.

2 Remember this is a taught course – you're not on your own. **Your tutor** is there to guide you. Using the material in the book, he or she will introduce new structures, ensure you practise them in class and then enable you to produce similar language until you develop the capacity to work autonomously. The first rule of a taught language course, then, is to follow your guide.

3 Of course a guide can't go there for you. While your tutor will show you the way, **only you can do the learning**. This means hard work both in the classroom and outside the timetabled hours.

4 **Regular attendance** at the language class is vital. A language class is a workshop. You do things. Or to put it more formally, you take part in structured activities designed to develop your linguistic competence.

5 But mere attendance isn't enough. Being there isn't the same thing as learning. You have to **participate**. This means being an active member of the class, listening carefully, working through the exercises, answering questions, taking part in dialogues, contributing to group work, taking the risk of speaking without the certainty of being right. Remember fluency comes from the Latin for 'to flow': it means speaking 'flowingly', not necessarily getting everything perfectly right. And learning effectively also means preparing before classes and following up afterwards …

6 … because what you do **outside the classroom** is vital, too. While new topics will normally be introduced in class, your tutor will also set tasks which feed in to what you will be doing in the next session. If you don't do the preparation, you can't benefit from the classroom activity. Classroom contact time is precious, normally no more than two or three hours a week, and it's essential to use that time to the best effect. Similarly, the tutor will sometimes ask you to follow up work done in class with tasks designed to consolidate

or develop what you have done. You are strongly encouraged to make the most of the additional materials available on the companion website to develop your knowledge and confidence.

7 You should also take time to **review** and reflect on what you have been doing, regularly going over what you have done in class, checking your learning. It is a good idea to dip back into earlier units in the book to test yourself. This will also enable you to decide your priorities for private study, working on areas you find particularly difficult. Keep a file or notebook, in which you jot down what you have done and what you plan to do.

8 Regular **practice** is the key. It's a good idea to work for several shortish bursts a week rather than for a long time once a week.

9 In addition to listening-based work in class, you should regularly work in your own time on the audio and video material in your ebook. Try to reproduce the **pronunciation and intonation** of the native speakers on the recordings. It's easier if you work at this from the start and establish good habits than if you approximate to the sounds of the language and have to correct them later. It's important that you repeat and speak out loud rather than in your head. Why not work with a friend?

10 Don't be afraid of **grammar**. This is simply the term for how we describe the way a language works. Learn it and revise it as you go along. There are boxes with grammar points throughout each of the units in this book, a grammar summary for each unit and a grammar overview for the whole book. You probably feel hesitant about grammatical terms such as *direct object* or *definite article* but they are useful labels and easily learned. There is a guide to such terms towards the end of the book.

11 Always bear in mind that, in learning a foreign language, you can normally understand (listening and reading) more than you can express (speaking and writing). Above all, relax when listening or reading, remember **you don't have to be sure of every word** to get the message and you don't need to translate into your native language.

12 Your university or college will probably also have a Learning Centre, **Language Centre** or similar facility in the library with useful material to reinforce and supplement what you are doing in class and at home. Make sure any material you use is suitable for your level: it will probably be classified or labelled using categories such as *Beginners*, *Intermediate* and *Advanced*.

Possible resources: videos, satellite TV, CDs, online materials, books (language courses, grammar guides, dictionaries, simple readers), magazines and newspapers, worksheets.

It is possible your tutor will set specific work to be done in the Language Centre or that you will be expected to spend a certain amount of time there, otherwise you should find times during your week when you can drop in. The course assessment schedule may include a **portfolio** for which you choose coursework items according to guidelines set by the tutor/course.

13 Universities and colleges are very international and you will almost certainly be able to make contact with **native speakers** of French. Try out your language, get them to correct your pronunciation, find out about their country and culture.

And cheap flights mean that you can afford to go there …!

14 And finally, **enjoy** your language learning!

La langue utilisée en classe
THE LANGUAGE OF THE CLASSROOM

These symbols appear next to the rubric of most exercises and indicate the type of skill or activity required.

 Ecoutez – Listen

 Parlez – Speak

 Lisez – Read

 Ecrivez – Write

 Travail à deux – Pair work

 Regardez – Watch

 En groupe – Group work

 Trouvez le mot – Wordsearch and vocabulary learning
Traduisez – translate

 En ligne – Online resources

 Culture – Cultural note

L'abécédaire

Lettre	Prononciation de la lettre	Exemple	Lettre	Prononciation de la lettre	Exemple
A a	a	**A**lgérie	N n	èn	**N**ouvelle-Calédonie
B b	bé	**B**elgique	O o	o	**O**man
C c	cé	**C**anada	P p	pé	**P**ays de Galles
D d	dé	**D**anemark	Q q	cu	**Q**uébec
E e	euh	Angl**e**terre	R r	èr	**R**oyaume-Uni
F f	èf	**F**rance	S s	ès	**S**énégal
G g	gé	**G**rande-Bretagne	T t	té	République **t**chèque
H h	ach	**H**ongrie	U u	u	Lit**u**anie
I i	i	**I**talie	V v	vé	Nor**v**ège
J j	ji	**J**amaïque	W w	double vé	Koweit
K k	ka	Ira**k**	X x	ix	Luxembourg
L l	èl	**L**aos	Y y	i grec	Ch**y**pre
M m	èm	**M**aroc	Z z	zèd	Nouvelle-**Z**élande

This edition is dedicated to our series editor Tom Carty who very sadly passed away while we were finalising this latest edition. Tom had an enormous influence on the *Foundations Languages Series*. From his many years of teaching and running programmes he brought deep knowledge of students and of language classrooms, and of the needs of language lecturers. He had unbridled enthusiasm for the series and, for over eighteen years, from when the series was no more than a handful of notes and ideas, he worked hard and long hours to shape and craft it. We shall greatly miss his passion, his commitment and his wonderful sense of humour, but the new editions and future strength of the series will be a proud legacy for him and his family.

Toi et moi

When you have completed this unit you will be able to greet someone, introduce yourself, talk about yourself, ask/answer questions about yourself and others, and count up to seventy.

Salut!

 1 Bonjour!

a Ecoutez les dialogues. Notez les différences et la prononciation. Listen to the dialogues and notice the different greetings and the pronunciation.

1
Léa	Salut Nico!
Nico	Salut! Ça va?
Léa	Oui, très bien.
	Et toi, comment ça va?
Nico	Pas mal.

2
Nico	Bonjour Madame!
shopkeeper	Bonjour Monsieur!

3
Léa	Bonsoir Monsieur Marin, comment allez-vous?
neighbour	Bonsoir Léa, ça va bien, merci. Et toi?

b Listen to three other exchanges and decide which conversation matches with which picture.

a    **b**    **c**

Salut!   Bonsoir!   Salut Nico!   Comment ça va?   Comment allez-vous?   Ça va?
Au revoir!   Bonjour!   Au revoir Monsieur!   Bonjour Madame!   Bonne nuit!

 2 Salut! Bonsoir!

Moving around the room, take on the role of different characters, at different times of the day, and greet each other, paying particular attention to your pronunciation and intonation.

 Découvrir ... la tradition française de faire la bise.

Go online (**he.palgrave.com/foundations**) to learn more about French greetings.

3 Je suis …

Ecoutez les deux dialogues à l'université et soulignez les expressions pour se présenter. In the transcripts below, underline three different expressions to introduce oneself.

> – Bonjour, je suis votre professeur de français, je m'appelle Adèle Breton.

> – Salut! Je m'appelle Abou, et toi?
> – Salut! Moi, c'est Mélanie.

> Je m'appelle … / Je suis … / Moi, c'est …   Et vous?/Et toi?

 4 Nationalités et professions

A deux, traduisez en anglais les nationalités et professions. With a partner, translate into English the following nationalities and occupations.

français(e)	belge	infirmier/-ière	technicien(ne)
écossais(e)	turc (turque)	secrétaire	vendeur/-euse
polonais(e)	pakistanais(e)	enseignant(e)	employé(e) de bureau
lituanien(ne)	nigérian(ne)	journaliste	responsable
italien(ne)	allemand(e)	étudiant(e)	commercial
chinois(e)	grec(que)	aide-soignant(e)	traducteur/-trice
sri lankais(e)	espagnol(e)	comédien(ne)	graphiste
sénégalais(e)	indien(ne)	réceptionniste	assistant(e) de marketing
américain(e)	suisse	musicien(ne)	acteur/-rice
		serveur/-euse	

Grammaire

masculine	feminine	masculine or feminine
français	française	belge
italien	italienne	suisse
étudiant	étudiante	journaliste
infirmier	infirmière	secrétaire

  5 Quelle nationalité et quel travail?

Regardez 10 personnes. Using the lists above, tick the nationalities and occupations that you hear. Go to the companion website for more exercises.

he.palgrave.com/foundations

 6 Je suis anglais

Présentez-vous. Donnez votre nom, votre nationalité et votre profession. Moving around the room, introduce yourself, giving your name, nationality and occupation.

7 Masculin ou féminin?

Ecoutez les nationalités et professions et complétez les mots. Listen to a list of nationalities and occupations and write the end of the words.

a améric_____ **b** ind_____ **c** écoss_____ **d** belg_____ **e** allem_____

f secrét_____ **g** étud_____ **h** technic_____ **i** vend_____ **j** infirm_____

8 Je m'appelle …

a **Ecoutez Muriel et 6 autres personnes et remplissez les cases.** Listen to Muriel and six other people and complete the grid below.

> Bonjour. Je m'appelle Muriel. Je suis française. Je suis vendeuse. Je suis de Bordeaux mais j'habite à Paris.

		nationalité	profession	origine	domicile
a	Nazan	turque		Istanbul	
b	Saïd		aide-soignant	Karachi	
c	Mesenge				Nice
d	Matthias		réceptionniste		
e	Silva			Barcelone	
f	Krystof	polonais		Cracovie	

b Présentez-vous à la classe: nom, nationalité, profession, origine et domicile.

9 Compter

a Ecoutez la prononciation des nombres.

1 un	6 six	11 onze	16 seize	21 vingt et un
2 deux	7 sept	12 douze	17 dix-sept	22 vingt-deux
3 trois	8 huit	13 treize	18 dix-huit	23 vingt-trois
4 quatre	9 neuf	14 quatorze	19 dix-neuf	24 vingt-quatre
5 cinq	10 dix	15 quinze	20 vingt	25 vingt-cinq

30 trente   40 quarante   50 cinquante   60 soixante   70 soixante-dix

b **Cochez les nombres.** Tick the numbers.

☐ 1   ☐ 2   ☐ 3   ☐ 4   ☐ 6   ☐ 7   ☐ 8   ☐ 9
☐ 10   ☐ 12   ☐ 13   ☐ 14   ☐ 15   ☐ 18   ☐ 22   ☐ 25
☐ 27   ☐ 30   ☐ 31   ☐ 40   ☐ 42   ☐ 44   ☐ 55   ☐ 60

10 Vous êtes …?

Un colloque international: écoutez et complétez le dialogue.

– Bonjour, je m' **(a)**_____ David Brown. Et vous (*looking at her badge*), vous êtes Stéphania Gardon?

– Oui, c'est **(b)**_____. Bonjour. Vous êtes anglais?

– Oui, et vous, vous êtes française?

– Non, je **(c)**_____ sénégalaise. J'habite **(d)**_____ Paris mais je **(e)**_____ de Dakar. Et vous, vous êtes d'où?

– Je suis **(f)**_____ Manchester. Je suis **(g)**_____ de l'agence Funn Holly. Et vous, qu'est-ce que vous faites?

– Moi, je suis **(h)**_____.

Grammaire

I	you (informal)	you (formal)
Je <u>suis</u> Stéphania.	Tu <u>es</u> Malika?	Vous <u>êtes</u> français?
Je m'appel<u>le</u> David.	Tu t'appel<u>les</u> Stéphane?	Vous vous appel<u>ez</u> Hélène?
Je travail<u>le</u> dans un magasin.	Tu travail<u>les</u>?	Vous travail<u>lez</u> dans un magasin?
Je <u>fais</u> …	Qu'est-ce que tu <u>fais</u>?	Qu'est-ce que vous <u>faites</u>?
J'habit<u>e</u> à …	Tu habit<u>es</u> où?	Où habit<u>ez</u>-vous?

11 Questions

Imaginez que vous êtes Stéphania. Répondez aux questions et écrivez les réponses. A deux, lisez le dialogue, puis changez de rôle. Imagine that you are Stéphania (in the dialogue above). Take turns with a partner to answer the following questions orally and then write down the answers.

a Vous êtes Stéphania Gardon? _____

b Vous êtes de quelle nationalité? _____

c Vous êtes d'où? _____

d Qu'est-ce que vous faites? _____

12 Quelle est la question?

Wei est au téléphone. Imaginez les questions. You hear your friend Wei answering questions on the phone. Can you guess what questions are being asked?

a Oui, je m'appelle Wei Chang.

b Non, je suis chinois.

c Je suis de Shanghai.

d Je suis infirmier.

13 Je ne suis pas …

A deux, mettez les phrases dans l'ordre pour faire un dialogue. Re-order the sentences to make a dialogue. Then listen to the recording to check your answers.

a Je suis technicienne en informatique … Tu es algérien?
b Non, j'habite à Angers. Et toi, tu habites où?
c A Paris. Je suis étudiant à la Sorbonne. Et toi, qu'est-ce que tu fais?
d Mehdi. Tu habites ici?
e Non, je ne suis pas algérien, je suis marocain.
f Salut. Moi c'est Juliette. Comment tu t'appelles?
g Oui, je suis serveur dans un café.
h Et … tu travailles?

Grammaire

Negative form

| Tu es algérien? | Non, je <u>ne</u> suis <u>pas</u> algérien. |
| Tu habites à Paris? | Non, je <u>n'</u>habite <u>pas</u> à Paris. |

14 Tu travailles?

Imaginez les questions. Utilisez "tu".

a Salut, moi c'est Janet.
b Je suis étudiante en maths, et toi?
c Oui, je suis anglaise.
d Je suis de Liverpool.
e J'habite à Newcastle.
f Non, je ne travaille pas.

Salut! Comment tu t'appelles?

 15 Qu'est-ce que tu fais?

Posez des questions à 3 personnes de votre classe. Utilisez "tu" ou "vous".

	personne 1 (tu)	personne 2 (vous)	personne 3 (tu)
nom			
profession			
nationalité			
domicile			
origine			

16 Il est .../Elle est ...

Lisez les fiches d'identité et complétez les phrases.

> **nom:** Jacques Vandevelde
> **nationalité:** belge
> **domicile:** Liège
> **études:** informatique

> **nom:** Isabelle Chamfraud
> **nationalité:** canadienne
> **domicile:** Montréal
> **études:** chimie

a   Il s'appelle _____ .

b   Il est _____ .

c   Il habite à _____ .

d   Il est _____ en informatique.

e   Elle s'appelle _____ .

f   Elle est _____ .

g   Elle _____ _____ Montréal.

h   Elle _____ _____ en chimie.

17 Il/Elle s'appelle ...

A deux, lisez les fiches d'identité et présentez les personnes.

> **nom:** Boris Neumann
> **nationalité:** allemand
> **domicile:** Berlin
> **études:** histoire de l'art

> **nom:** Nicos Micaleas
> **nationalité:** grec
> **domicile:** Athènes
> **études:** philosophie

> **nom:** Rosa Fernandez
> **nationalité:** espagnole
> **domicile:** Alicante
> **études:** géographie

> **nom:** Pritti Patel
> **nationalité:** indienne
> **domicile:** Calcutta
> **études:** droit

18 Il est étudiant

Ecoutez 4 personnes. Notez les informations et comparez à deux.

1 Vous travaillez?

Une secrétaire pose des questions à 6 étudiants. Ecrivez les réponses (answers).
(Note: **Vous étudiez quoi?** = What are you studying?; **les études** = course)

	nom	nationalité	domicile	études	travail
a					
b					
c					
d					
e					
f					

2 Un e-mail

A: elis264@univ-tlse2.fr
Objet: Salut!

Salut Elisa,
Comment ça va? Moi, ça va. Pour le moment, j'habite à Paris avec Benjamin, Romana et leur bébé. Je suis étudiante en droit à la Sorbonne, c'est super! Je travaille aussi à mi-temps dans un bar comme serveuse. C'est un travail fatigant, mais c'est bien payé. Benjamin travaille à plein temps comme ingénieur. Il travaille à Versailles. Romana ne travaille pas, elle s'occupe du bébé. Voilà. Ecris-moi!

A bientôt,

Laurine

    a   Where does Laurine live?

    b   What is she studying?

    c   What type of job does she do?

    d   What does Benjamin do for a living?

    e   Where does he work?

    f   What does Romana do?

Gender ▶(see page 148)

Each noun in French has a gender, either masculine (**m**) or feminine (**f**).
E.g. **le droit (m)**   **la chimie (f)**

Most words used to refer to people have a masculine and a feminine form.
E.g. **un étudiant (m)**   **une étudiant<u>e</u> (f)**

The most common endings for nationalities and occupations are as follows:

-ais (m), -aise (f)   (anglais, anglaise)
-ain (m), -aine (f)   (américain, américaine)
-ien (m), -ienne (f)   (italien, italienne)

-ier (m), -ière (f)   (infirmier, infirmière)
-eur (m), -euse (f)   (vendeur, vendeuse)
-teur (m), -trice (f)   (acteur, actrice)

Verbs ▶(see pages 151 and 152)

So far you have seen the verbs **être** (to be), **faire** (to do) and the **-er** verbs **habiter** (to live), **travailler** (to work) and **s'appeler** (to be called). You have been using the pronouns **je** (I), **tu** (you, informal), **il/elle** (he/she) and **vous** (you, formal). Notice the regular pattern of endings in verbs ending in **-er**.

être	**faire**	**habit<u>er</u>**	**travaill<u>er</u>**	**s'appel<u>er</u>**
(to be)	(to do)	(to live)	(to work)	(to be called)
je <u>suis</u>	je <u>fais</u>	j'habit<u>e</u>	je travaill<u>e</u>	je m'appell<u>e</u>
tu <u>es</u>	tu <u>fais</u>	tu habit<u>es</u>	tu travaill<u>es</u>	tu t'appell<u>es</u>
vous <u>êtes</u>	vous <u>faites</u>	vous habit<u>ez</u>	vous travaill<u>ez</u>	vous vous appel<u>ez</u>
il/elle <u>est</u>	il/elle <u>fait</u>	il/elle habit<u>e</u>	il/elle travaill<u>e</u>	il/elle s'appell<u>e</u>

Negatives

In order to make a sentence negative you need to add two words: **ne** before the verb and **pas** after the verb: e.g. **Je <u>ne</u> suis <u>pas</u> serveuse.** (Note: **ne** in front of a vowel or an **h** becomes **n'**.) When people speak quickly, they tend to omit the **ne**: e.g. **je suis <u>pas</u> française.**

Asking questions

There are three ways of asking questions in French:

– in informal speech, just raising the intonation at the end of the sentence.
E.g. **Ça va? Tu es anglais? Vous êtes de Paris? Il travaille dans un magasin?**

– in all situations, informal or formal, using **est-ce que** to signal that a question is being asked.
E.g. **<u>Est-ce que</u> tu es espagnole? <u>Est-ce que</u> vous êtes vendeur? <u>Est-ce qu</u>'elle habite à Londres?**

– in formal speech and in writing, inverting the verb and the subject pronoun.
E.g. **Etes-vous de Bruxelles?**

Note the position of the question word in the following questions:

Tu habites <u>où</u>?
Tu es <u>d'où</u>?
Tu t'appelles <u>comment</u>?

<u>Où</u> habitez-vous?
<u>D'où</u> êtes-vous?
<u>Comment</u> vous appelez-vous?
<u>Qu'est-ce que</u> tu fais/vous faites?

Exercices de grammaire

Gender

1   Look at the following list of nationalities and occupations. Fill in the masculine and feminine alternatives as appropriate.

masculine (m)	feminine (f)
a _____	espagnole
b irlandais	_____
c _____	sénégalaise
d gallois	_____
e _____	suisse
f belge	_____
g _____	grecque

masculine (m)	feminine (f)
h infirmier	_____
i _____	réceptionniste
j secrétaire	_____
k _____	directrice
l vendeur	_____
m _____	professeur
n étudiant	_____

Negatives

2   Use the information below to write a paragraph about each person described.
(✘) false   (✓) true

E.g. (✘) Jean   (✓) français = Il ne s'appelle pas Jean. Il est français.

a   (✘) Mary   (✓) étudiante   (✘) américaine   (✓) Rome   (✘) bureau
b   (✓) Laurent   (✘) infirmier   (✓) français   (✘) Toulouse   (✓) café

Asking questions

3   Find the appropriate question(s) for the following answers, then, with a partner, imagine the possible context(s).

a   Non, moi c'est Margot.
b   Je viens de Lyon. Et toi?
c   Elle est avocate.
d   Non, il ne travaille pas.

e   J'habite à Edimbourg.
f   Oui, je suis américaine.
g   J'étudie l'anglais.
h   Elle s'appelle Alice.

4   The words in the following sentences have been jumbled up: put them back in the right order to make questions.

a   à / habite / elle / Marseille?
b   il / qu' / fait / est-ce qu'?
c   Londres / es / étudiant / tu / à?
d   Rome / est-ce que / de / êtes / vous?

e   t' / tu / comment / appelles?
f   un / travaille / il / café / dans?
g   vous / où / d' / êtes?
h   pas / n' / anglaise / est / elle?

W   Go to the companion website (he.palgrave.com/foundations) for more grammar exercises.

Vocabulaire

Salutations
Salut!

Bonjour!
Bonsoir!
Bonne nuit!
Au revoir!
Ça va?/Ça va.

madame
monsieur

Greetings
Hi!/Goodbye!
   (informal)
Hello!
Good evening!
Goodnight!
Goodbye!
How are you?/
   I am fine.
madam
sir

Nationalités
algérien(ne)
allemand(e)
américain(e)
anglais(e)
belge
britannique
canadien(ne)
chinois(e)
écossais(e)
espagnol(e)
français(e)
gallois(e)
grec(que)
indien(ne)
irlandais(e)
italien(ne)
lituanien(ne)
marocain(e)
nigérian/-ienne
pakistanais(e)
polonais(e)
russe
sénégalais(e)
sri lankais(e)
suisse
turc/turque

Nationalities
Algerian
German
American
English
Belgian
British
Canadian
Chinese
Scottish
Spanish
French
Welsh
Greek
Indian
Irish
Italian
Lithuanian
Moroccan
Nigerian
Pakistani
Polish
Russian
Senegalese
Sri Lankan
Swiss
Turkish

Professions
acteur/-trice
aide-soignant(e)
assistant(e)
   de marketing
avocat(e)
bibliothécaire
chauffeur
comédien(ne)
directeur/-trice
enseignant(e)
étudiant(e)
graphiste
infirmier/-ière
ingénieur
journaliste
médecin

Occupations
actor (screen)
care assistant
marketing assistant

lawyer
librarian
driver
actor (stage)
director
teacher
student
graphic designer
nurse
engineer
journalist
doctor

musicien(ne)
photographe
professeur
responsable commercial
réceptionniste
secrétaire
serveur/-euse
technicien(ne)
traducteur/-trice
vendeur/-euse

musician
photographer
teacher
sales manager
receptionist
secretary
waiter/waitress
technician
translator
sales assistant

Etudes
la chimie
le droit
la géographie
l'histoire (f)
   de l'art (m)
l'informatique (f)
les mathématiques (f pl)
la philosophie
la physique

Courses
chemistry
law
geography
history of art

computing
maths
philosophy
physics

Travail
le magasin
le bureau
le café
le supermarché
à mi-temps
à plein temps
les études (f)
le domicile
l'université
l'hôpital
l'entreprise

Work
shop
office
pub/café
supermarket
part-time
full-time
studies
residence
university
hospital
company

Pronoms
je
tu
vous
il
elle
moi
ce

Pronouns
I
you (informal)
you (formal)
he
she
me
it

Questions
Où?
Comment?
Qu'est-ce que …?
oui / non

Questions
Where?
How?
What …?
yes / no

Verbes
être
s'appeler
habiter
travailler
s'occuper (de)
faire
lire
écrire
écouter

Verbs
to be
to be called
to live
to work
to look after
to do/to make
to read
to write
to listen (to)

Travail à deux

1 Se présenter

Introduce yourself to your partner. After greeting him/her, tell him/her:

your name
the town or city you are from
your nationality
where you live
that you are a student …
… and what you are studying
that you work (if you do) …
… and what your job is

When you have got all the information across, your partner will check it back with you. Then swap roles.

2 Première rencontre

You meet someone in a bar. Introduce yourself to him/her and then tell him/her about your friend who has just left the bar, using the information below.

You are Alex Andrews. You are English and you come from Liverpool, but you live and work in New York as an engineer.

Your friend is Carmen Bradley. She is a manager and she works in Ireland. She has dual nationality (Irish and Spanish). She comes from Bilbao and lives in Dublin.

Your partner will then introduce himself/herself and tell you about his/her friend who has gone to the bathroom! In order to make sure that you have understood what your partner has said, fill in the following grid. Ask for repetition if necessary.

	votre partenaire	son ami(e)
nom		
nationalité		
travail		
lieu de travail		
ville d'origine		

Travail à deux

1 Se présenter

Greet your partner in French, then listen carefully to what s/he tells you, jotting down key words when it helps. You can ask for any items of information that you want again but you must request it in French.

Check with your partner that you have understood everything by repeating some of the information, e.g. **Tu es français, Tu ne travailles pas**, etc.

Then swap roles.

> *Salut! Comment vous vous appelez?*

2 Première rencontre

You meet someone in a bar. S/he introduces him/herself and tells you about his/her friend who has just left the bar. In order to make sure that you have understood what your partner has said, fill in the following grid. Ask for repetition if necessary.

	votre partenaire	**son ami(e)**
nom		
nationalité		
travail		
lieu de travail		
ville d'origine		

Now introduce yourself and tell your partner about your friend who has gone to the bathroom!

Your name is Bernie Lyons. You are a taxi driver in Glasgow. You work part-time. You live in Paisley and originally come from Motherwell.

Your friend is Christos Panalopoulou. He is Greek. He is a teacher. He comes from Athens and he lives in Edinburgh. He is also studying literature.

Les autres

When you have completed this unit, you will be able to give and understand information about your friends and your family, ask and answer questions about age, and order drinks and snacks.

 1 Vous avez quel âge?

Ecoutez Constance et Aurélien devant une boîte de nuit. Listen to a dialogue outside a nightclub.

Bouncer	Vous avez quel âge?
Constance	J'ai 18 ans et il a 19 ans.
Aurélien	Non, non, j'ai 20 ans!
Constance	Ah bon! Tu as 20 ans, c'est vrai?
Aurélien	Oui, c'est vrai.

Au bar

Tu <u>as</u> quel âge? / Vous <u>avez</u> quel âge?	J'<u>ai</u> 18 ans.
Quel âge <u>as</u>-tu? / Quel âge <u>avez</u>-vous?	Elle/Il <u>a</u> 19 ans.
Elle/Il <u>a</u> quel âge?	
Quel âge <u>a</u>-t-elle/il?	

 2 Et toi, tu as quel âge?

Posez des questions à 5 personnes de votre classe. Utilisez "tu" ou "vous".
Ask questions to 5 people in your class. Use **"tu"** or **"vous"**.

 3 J'ai un copain …

Ecoutez le dialogue au bar de l'université et cochez les mots que vous entendez.
Tick the words that you hear in the conversation.

salut! ☐   bonjour! ☐   tu travailles ☐   j'ai un copain ☑   congolais ☐

j'ai vingt ans ☐   français ☐   tu as quel âge? ☐   une copine ☐

> Tu as des amis?   J'ai un copain/une copine.   Je n'ai pas de copain français.

4 Ah! La famille!

Ecoutez le dialogue et traduisez les mots ci-dessous. Translate the words below.

chez parents frère sœur demi-frère marié enfants

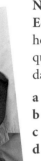 **5 Photos de famille**

Nadia montre des photos de vacances à son ami Marc. Ecoutez et répondez aux questions. Nadia is showing some holiday photos to her friend Marc. Listen and answer the questions. (Note: **divorcé(e)** = divorced; **fils** = son, **fille** = daughter, pay attention to the pronunciation of **fils** and **fille**.)

a Who is next to her friend Anne in the first picture?
b Who are the other two people in the picture with Nadia?
c What job does Nadia's boyfriend do?
d How old is his daughter?

C'est <u>ma</u> copine, avec <u>son</u> fils.   C'est <u>mon</u> copain, avec <u>sa</u> fille.   C'est <u>ton</u> copain?

Grammaire

Possessive adjectives

je	tu	il/elle	vous
<u>mon</u> fils	<u>ton</u> fils	<u>son</u> fils	<u>votre</u> fils
<u>ma</u> fille	<u>ta</u> fille	<u>sa</u> fille	<u>votre</u> fille

Note the use of the possessive with **ami(e)** or **copain/copine** when referring to close relationships.
E.g.   **C'est <u>un</u> copain** (a friend)
      C'est <u>mon</u> copain (my boyfriend)

  6 C'est ma copine

Lisez et complétez le dialogue. Ensuite, écoutez la conversation et vérifiez vos réponses. Fill in the gaps with the appropriate word and then listen to check your answers.

– Elle s'appelle comment, **(a)**_____ copine?
– Elodie.
– Elle a **(b)**_____ âge?
– Dix-neuf **(c)**_____.
– Et, **(d)**_____ est-ce qu'elle habite?
– Ici, **(e)**_____ Paris, mais elle **(f)**_____ de Marseille.
– Elle est **(g)**_____?
– Oui, en biologie. Et elle **(h)**_____ le soir dans un supermarché.

7 Tu as un(e) copain (copine)?

A deux, posez des questions. Find out as much as you can about each other's boyfriend or girlfriend. Write a short piece about that person and swap notes to check both the content and the language.

8 La famille d'Hervé

Observez l'arbre généalogique de la famille d'Hervé et dites si les phrases ci-dessous sont vraies (true) ou fausses (false).

a   Il a deux cousins.

b   Sa grand-mère a 70 ans.

c   Il a une nièce et un neveu.

d   Son grand-père s'appelle Eric.

e   La femme de son oncle s'appelle Hélène.

f   La copine de son cousin a 20 ans.

g   Le frère de Luc s'appelle Alain.

h   La mère d'Hervé est la sœur de Paul et d'Alain.

i   Il n'a pas de cousine.

j   Sa tante a 49 ans.

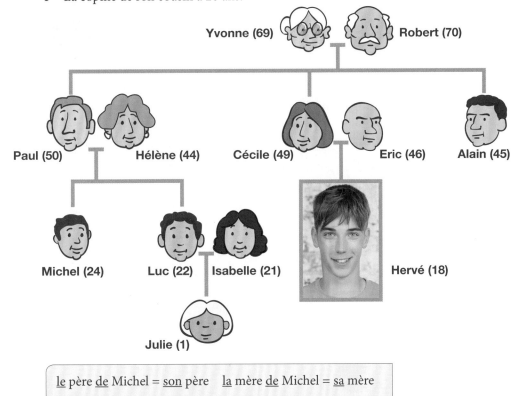

le père de Michel = son père   la mère de Michel = sa mère

9 Des frères et des sœurs

Traduisez en français les phrases ci-dessous.

a   She hasn't got any brothers.

b   Jordan's sister is called Axelle.

c   His girlfriend's brother is 18 years old.

d   Mohamed's father is the brother of Idriss and Salma.

15

10 Ma famille

Ludovic, Clémentine, Jérémy and Jean-Baptiste parlent de leur famille. Regardez les vidéos et répondez aux questions en anglais.

a What are the names of Ludovic's parents? How old are they? His brother lives with two other people – who are they?

b How old are Clémentine's parents? How many nieces does she have?

c How old are Jérémy's parents and his brother? Where do they live?

d How old are Jean-Baptiste's parents? How many siblings does he have? How many nieces and nephews?

Allez en ligne (he.palgrave.com/foundations) **pour accéder à d'autres exercices sur cette vidéo.**

11 Mes copines

Mettez les phrases dans l'ordre pour faire un dialogue. Ensuite, écoutez la conversation pour vérifier vos réponses.

a Non, elles travaillent.

b Oui, ce sont mes colocataires.

c Elles s'appellent comment?

d Ah, elles sont à la fac avec toi?

e Léo, Hélène et Romane.

f Les trois filles au bar, ce sont tes copines?

Grammaire

Singular	Plural
C'est <u>ma/ta/sa</u> copine	Ce sont <u>mes/tes/ses</u> copines
C'est <u>mon/ton/son</u> copain	Ce sont <u>mes/tes/ses</u> copains
elle/il <u>s'appelle/habite</u>	elles/ils <u>s'appellent/habitent</u>
elle/il <u>a</u>	elles/ils <u>ont</u>
elle/il <u>est</u>	elles/ils <u>sont</u>

12 Ce sont …

Mettez les phrases au pluriel.

E.g. **C'est mon frère.** > *Ce sont mes frères.*

a C'est ma copine.

b Il travaille à Londres.

c Il habite à Paris.

d C'est ton copain?

e Il a treize ans.

f Mon amie est étudiante.

13 Nos enfants

Nadia montre des photos à son ami Marc. Ecoutez et dites si les phrases sont vraies (V) ou fausses (F).

a Her daughter is three years old.

b Michel is a cousin of hers.

c Michel's children are not in the picture.

d The two couples' children are friends.

e The cousins have jobs.

f They live in Paris.

> C'est <u>votre</u> fille, à Michel et à toi? Oui, c'est <u>notre</u> fille.
> <u>Nous habitons</u> dans la même rue. Ce sont mes cousins et <u>leurs</u> amis.

 14 Tu veux un café?

Lisez les dialogues et choisissez l'image correspondante. Ecoutez les 3 conversations.

1  2  3

a – Bonjour monsieur, vous voulez une bière?

– Oui, merci.

– Vous voulez un croque-monsieur ou un sandwich peut-être?

– Non merci, juste une bière.

b – Salut Béatrice, ça va?

– Oui, ça va bien merci.

– Tu veux un café?

– Ah, oui, merci.

– Et un croissant?

– Non, merci.

c – Salut Juliette, ça va?

– Bien, merci.

– C'est ta fille?

– Oui, c'est ma fille Manon.

– Manon, tu veux une glace?

– Oui, merci.

> Tu veux un thé? Tu veux une limonade?
> Vous voulez un sandwich? Vous voulez une bière?
> Tu veux quelque chose à boire? Vous voulez quelque chose à manger?

 Découvrir ... le sandwich le plus populaire en France.

Read more on the companion website (**he.palgrave.com/foundations**).

15 Pas pour moi, merci

Lisez la conversation entre 3 amies et complétez les phrases. Ecoutez le dialogue et vérifiez vos réponses.

Marie	Salut Lin, **(a)**_____ va?
Lin	Oui, très bien merci.
Marie	Lin, je te présente Juliette, **(b)**_____ sœur.
Lin	Bonjour Juliette.
Juliette	Bonjour Lin.
Marie	Tu **(c)**_____ un café ou un thé peut-être?
Lin	Oui, **(d)**_____ café, s'il te plaît. Avec un morceau de sucre.
Marie	Et toi Juliette?
Juliette	**(e)**_____ chocolat chaud pour moi.
Marie	Lin, tu veux quelque chose à **(f)**_____ aussi?
Lin	Ah non, pas pour moi **(g)**_____.
Marie	Et toi Juliette?
Juliette	Oui, **(h)**_____ croissant, s'il te plaît.

un café	un coca	un sandwich	une glace
un thé	une limonade	un croque-monsieur	une pâtisserie
un chocolat chaud	un citron pressé	un croissant	un gâteau
un morceau de sucre			

un sandwich …	une glace …
au jambon	au chocolat
au fromage	à la vanille
au saucisson	à la fraise
	à la pistache

Did you know that the **croissant** takes its name from the **croissant de lune**, the moon crescent, **croissant** meaning 'growing'?

16 Un thé, peut-être?

A deux, proposez-vous l'un(e) à l'autre quelque chose à boire et à manger.

 1 La famille et les amis

Listen to three students who are talking about their friends and their family. Make some notes in the grid below before writing a short summary in English.

	family	**friends**	**places mentioned**
François			
Anne-Marie			
Gabriella			

 2 Un e-mail à une amie

Jane, who is learning French, writes an email to her new friend in France, Alexia.

Envoyé: 15:48
A: a.jolly@hotmail.fr
Objet: Bonjour d'Angleterre

Chère Alexia,

C'est moi, Jane, ta copine anglaise. J'ai vingt et un ans. Je suis de Southport, mais j'habite à Liverpool parce que je suis étudiante en histoire à l'université. J'habite dans un appartement avec deux amies et leurs copains. Moi, je n'ai pas de copain, mais j'ai beaucoup d'amis. Je travaille à mi-temps dans un cinéma. Le reste de ma famille habite à Southport: mes parents et mes quatre sœurs! Une sœur est mariée (j'ai un petit neveu qui a deux ans!) et les trois autres sont toujours à la maison. Et toi? Quel âge as-tu? Est-ce que tu as un copain?

A bientôt,

Jane

---

a How old is Jane?
b Why does she live in Liverpool?
c With how many people does she live?
d Does she have a boyfriend?
e How many brothers and sisters does she have?
f Where do they live?

Grammaire

Verbs ▶(see pages 151 and 152)

You will notice that a number of the verbs that you have used so far end in <u>er</u>.

E.g. **travaill<u>er</u>** = to work   **habit<u>er</u>** = to live

Here are the plural endings for **-er** verbs (used when talking about more than one person).

nous travaill<u>ons</u>	nous habit<u>ons</u>	we
vous travaill<u>ez</u>	vous habit<u>ez</u>	you
ils/elles travaill<u>ent</u>	ils/elles habit<u>ent</u>	they

Vous is used formally for one or more people, informally only for more than one.

Avoir means 'to have'. Note that in French **avoir** is used to talk about age.
E.g. **Tu as quel âge? J'ai 20 ans.**
This verb does not follow a regular pattern.

J'<u>ai</u> un ami	Nous <u>avons</u> une copine.
Tu <u>as</u> une amie?	Vous <u>avez</u> un ami.
Il/Elle <u>a</u> un copain.	Ils/elles <u>ont</u> un ami.

Possessive adjectives (my, your, his/her, our, their) ▶(see page 149)

je	tu	il/elle	nous	vous	ils/elles
<u>mon</u> père	<u>ton</u> père	<u>son</u> père	<u>notre</u> père	<u>votre</u> père	<u>leur</u> père
<u>ma</u> mère	<u>ta</u> mère	<u>sa</u> mère	<u>notre</u> mère	<u>votre</u> mère	<u>leur</u> mère
<u>mes</u> parents	<u>tes</u> parents	<u>ses</u> parents	<u>nos</u> parents	<u>vos</u> parents	<u>leurs</u> parents

Possessive adjectives agree in gender (masculine or feminine) and number (singular or plural) with the thing or person that is 'possessed'. So, depending on what follows, 'my' will be translated by either **mon**, **ma** or **mes**. Similarly, 'his' or 'her' (no matter which one) will be translated by **son**, **sa** or **ses**, etc.

un , le or mon ? ▶(see pages 148 and 149)

So far, you have seen three types of words which can go before a noun: (i) **un/une/des**, (ii) **le** (or **l'**)/**la** (or **l'**)/**les** and (iii) the possessive adjectives (see above).

(i) **un,** etc. is used when the person or thing referred to is not specified (e.g. **Il travaille dans <u>un</u> magasin.**: we don't know which shop).

(ii) **le,** etc. is used to refer to a specific person or thing which can be identified by the person you are talking to (e.g. **C'est <u>la</u> copine de Paul.**: not just a friend of Paul's but his girlfriend).

(iii) possessives are used when the person or thing referred to is specified as 'belonging' to someone (e.g. **Il est dans <u>mon</u> groupe.**: my group / **C'est <u>ma</u> copine.**: my girlfriend).

Exercices de grammaire

Verbs

1 Read the following text and replace the infinitive verbs in italics with the appropriate form.

E.g. **Elle (*travailler*) à Lyon.** > *Elle travaille à Lyon.*

La famille Lemire (*habiter*) **(a)** _____ à Paris. Luc et Marie-Claude Lemire (*avoir*)
(b) _____ un fils et un chien. Leur fils (*s'appeler*) **(c)** _____ Guillaume et
il (*avoir*) **(d)** _____ vingt-deux ans. Il (*être*) **(e)** _____ étudiant en histoire
de l'art. Guillaume (*travailler*) **(f)** _____ aussi dans un supermarché. Son chien
(*s'appeler*) **(g)** _____ Toby. Guillaume (*avoir*) **(h)** _____ une copine, Valeria.
Elle (*être*) **(i)** _____ italienne. Elle (*être*) **(j)** _____ de Rome mais elle (*habiter*)
(k) _____ à Paris. Elle (*travailler*) **(l)** _____ comme vendeuse dans un
magasin. Elle (*avoir*) **(m)** _____ dix-neuf ans.

Possessive adjectives

2 Read the following dialogue and fill in the blanks with an appropriate possessive adjective.

Isabelle, who lives with her sister, tells her new friend Amélie about the rest of the family.

Isabelle: **(a)**_____ sœur et moi, nous habitons à Paris, mais **(b)**_____
parents habitent en Normandie. **(c)**_____ père est agriculteur. Nous
avons un frère qui est marié. **(d)**_____ femme s'appelle Margot, elle est
présentatrice de télévision. Ils habitent aussi à Paris, avec **(e)**_____ deux
enfants.

Amélie: Et **(f)**_____ copain, il habite avec vous?

Isabelle: Non, il habite avec **(g)**_____ cousin qui est aussi étudiant.

un , le or mon ?

3 Read the following sentences and select the appropriate form(s). (There may be more than one).

a Comment s'appelle une/la/ta copine?
b Nous habitons avec une/la/notre sœur.
c Tu as des/les/tes enfants?
d Elle travaille dans un/le/son supermarché.
e Un/Le/Mon professeur est de Genève.
f Un/Le/Son copain est étudiant en chimie.
g C'est un/le/son frère de Katrina.
h J'habite avec un/le/mon ami.
i C'est un/le/votre mari?
j Tu veux un/le/ton café?

W Go to the companion website (he.palgrave.com/foundations) for more grammar exercises.

Le jet d'eau, Genève

Vocabulaire

🎧 L'âge — Age

quel âge …?	how old …?
j'ai 20 ans	I'm 20 (years old)
il/elle a 19 ans	he/she is 19

🎧 La famille — The family

le mari	husband
la femme	wife
le copain, l'ami	boyfriend, friend (m)
la copine, l'amie	girlfriend, friend (f)
les parents	parents
le père	father
la mère	mother
les enfants	children
le fils	son
la fille	daughter/girl
le frère	brother
la sœur	sister
le beau-père	stepfather/father-in-law
la belle-mère	stepmother/mother-in-law
le demi-frère	half-brother
la demi-sœur	half-sister
les grands-parents	grandparents
le grand-père	grandfather
la grand-mère	grandmother
l'oncle	uncle
la tante	aunt
le cousin	cousin (m)
la cousine	cousin (f)
le neveu	nephew

(continued)

la nièce	niece
chez	at X's house
marié(e)	married
divorcé(e)	divorced
célibataire	single

🎧 Au café — At the snack bar

le café	coffee
le thé	tea
le chocolat chaud	hot chocolate
la bière	beer
un morceau de sucre	a bit of sugar
la limonade	lemonade
le coca	Coke
le coca light	Diet Coke
le citron pressé	fresh lemon juice
l'orange pressée (f)	fresh orange juice
le jus de pomme	apple juice
le croque-monsieur	toasted ham and cheese sandwich
le gâteau	cake
la pâtisserie	pastry
le croissant	croissant
le sandwich	sandwich
le jambon	ham
le fromage	cheese
le saucisson	salami, cured meat
le thon mayonnaise	tuna mayonnaise
le chocolat	chocolate
la glace	ice cream
la vanille	vanilla
la fraise	strawberry
la pistache	pistachio
merci	thank you
s'il te/vous plaît	please
boire	to drink
manger	to eat
vouloir	to want
quelque chose	something
aussi	also, too
La carte déjeuner	Lunchtime menu

🎧 Le travail et la maison — Home and work

le soir	in the evening
le supermarché	supermarket
l'appartement (m)	flat
la maison	house
le studio	bedsit, one-room flat
la boîte (de nuit)	(night)club
la fac (coll.)	university, uni
le/la colocataire	flatmate

Voici ma famille

Travail à deux

1 Mon frère

Your friend is asking you questions about your brother. Answer them using the following information.

He is 27 years old.
He is a student of biology.
He lives in Manchester.
He works in a café.
He is divorced.
He has two children, a five-year-old daughter and a three-year-old son.
The children live in Bolton with their mother.
He has a girlfriend. She is a teacher.

2 Un(e) vieil(le) ami(e)

a In a café, you are meeting a friend you have not seen for a long time.
Use the following prompts. You start the conversation.

– Say: 'Hello!'
– Ask: 'How are you?'
– Ask: 'Do you want something to drink?'
– Ask: 'Where do you live?'
– Say: 'I live in Dijon too.'
– Say: 'No, I work in an office.'
– Ask: 'Are you married?'
– Ask: 'How old is your son?'
– Ask: 'Do you want something to eat?'

b Imagine a similar conversation with another friend.

3 Au bar

You are in a bar with a friend.
Ask each other what snacks and
drinks you would
like. Your partner will
start the conversation.

La carte déjeuner

Sandwiches baguettes
jambon beurre
fromage
saucisson
thon mayonnaise

Glaces
vanille
chocolat
fraise
café
pistache

Boissons
café
thé
eau minérale
citron pressé

jus de pomme
coca
coca light

Un citron pressé

Travail à deux

1 Mon frère

You are asking your friend questions about her/his brother. Find out as much information as possible, using the questions below as a guide. You will start the conversation.

Est-ce qu'il a une copine?   Où habitent les enfants?   Est-ce qu'il travaille?
Quel âge a-t-il?   Qu'est-ce qu'il fait?   Où habite-t-il?
Est-ce qu'il a des enfants?   Est-ce qu'il est marié?

2 Un(e) vieil(le) ami(e)

a   In a café, you are meeting a friend you have not seen for a long time. Use the following prompts. Your partner will start the conversation.

– Say: 'Hello.'
– Say: 'I am very well.'
– Say: 'I would like a Coke.'
– Say: 'I live in Dijon.'
– Ask: 'Are you a student?'
– Say: 'No, I am not married but I have a son.'
– Say: 'He is two years old.'
– Say: 'I would like a sandwich.'

b   Imagine a similar conversation with another friend.

3 Au bar

You are in a bar with a friend. Ask each other what snacks and drinks you would like. You start the conversation.

Une glace à la pistache

La carte déjeuner

Sandwiches baguettes
jambon beurre
fromage
saucisson
thon mayonnaise

Glaces   **Boissons**
vanille   café   jus de pomme
chocolat   thé   coca
fraise   eau minérale   coca light
café   citron pressé
pistache

Temps libre

3

When you have completed this unit, you will be able to talk about everyday activities; ask for/give the time; explain when you do things; say what you like/dislike doing and what you have to do.

1 Qu'est-ce que tu fais?

Regardez les images et observez les expressions en français.

Ils regardent la télévision.

Elles écoutent de la musique.

Il mange un sandwich.

Elle fait des courses.

Il lit un livre.

Elle écrit un e-mail.

2 Je fais la cuisine

Ecoutez 6 conversations au téléphone et écrivez les activités mentionnées.
(Note: **une dissertation** = an essay.)

Qu'est-ce que tu fais/vous faites?	Je regarde la télé.
	Je lis un livre.
	Je fais une dissertation.
	Rien de spécial.

Grammaire

regarder (to watch)	**lire** (to read)	**écrire** (to write)	**faire** (to do/to make)
je regarde	je lis	j'écris	je fais
tu regardes	tu lis	tu écris	tu fais
il/elle regarde	il/elle lit	il/elle écrit	il/elle fait
nous regardons	nous lisons	nous écrivons	nous faisons
vous regardez	vous lisez	vous écrivez	vous faites
ils/elles regardent	ils/elles lisent	ils/elles écrivent	ils/elles font

3 Tu parles!

A deux, mimez des activités.
(Exemple: – Qu'est-ce que je fais? – Tu écris une lettre.)

4 Faire le ménage ou une promenade?

Trouvez l'expression en anglais qui correspond à l'expression en français.

1	faire la fête	**a**	to do research
2	faire une promenade	**b**	to play the guitar
3	faire du sport	**c**	to go swimming/to go to the swimming pool
4	faire du vélo	**d**	to play sport
5	faire le ménage	**e**	to do the housework
6	jouer au football	**f**	to go to the cinema
7	jouer de la guitare	**g**	to go for a walk
8	aller au cinéma	**h**	to go cycling
9	aller à la piscine	**i**	to go to a nightclub/to go clubbing
10	aller en boîte	**j**	to play football
11	faire des recherches	**k**	to go for a drink
12	boire un verre	**l**	to party

> Je vais <u>au</u> cinéma. Je joue <u>au</u> football. Je joue <u>du</u> piano
> Je vais <u>à la</u> piscine. Je joue <u>à la</u> balle. Je joue <u>de la</u> guitare.

5 Les jours de la semaine

Write out the days of the week in the correct order. **Ecoutez et vérifiez vos réponses.**

mercredi – lundi – dimanche – mardi – jeudi – samedi – vendredi

6 Qu'est-ce que tu fais le week-end?

Joffrey parle de son week-end. Regardez la vidéo et complétez la grille. (Note:
le matin = (in) the morning; **l'après-midi** = (in) the afternoon; **le soir** = (in) the
evening.)

quand?	activité
samedi matin	
samedi soir	
	aller à la piscine

**Allez en ligne (he.palgrave.com/
foundations) pour accéder à d'autres
exercices sur cette vidéo.**

7 Ce soir, je vais au restaurant

A deux, demandez et expliquez ce que vous faites ce soir (tonight) **et ce week-end.**

 8 Il est quelle heure?

Regardez les horloges (clocks) **et lisez les expressions pour dire l'heure.**

a Il est midi/douze heures.

b Il est quatre heures.

c Il est onze heures dix.

d Il est neuf heures moins vingt/huit heures quarante.

e Il est une heure et demie/une heure trente.

f Il est minuit et quart/zéro heure quinze.

Il est	une heure	cinq/dix/vingt/ …
	deux heures	et quart
	trois heures	et demie
	…	moins cinq/dix/vingt/ …
	midi/minuit	moins le quart

 9 Il est minuit

a Ecoutez 6 conversations et écrivez l'heure.

| a _____ | b _____ | c _____ |
| d _____ | e _____ | f _____ |

 b Ecoutez encore une fois les conversations et écrivez les différentes questions pour demander l'heure.

10 Tu as l'heure?

Working with a partner, draw six blank clock faces each and secretly write down six different times each. Take turns to ask each other what the time is and fill in the answers on your blank clocks. Check to see if your answers are correct.

Il est en retard …

11 Fermé le dimanche

A deux, traduisez en anglais les heures d'ouverture et de fermeture (opening and closing times).

a

Horaires d'ouverture
De 7h à 20h30

Jours de fermeture
Samedi & Dimanche

c

FERMETURE
EXCEPTIONNELLE
DU LUNDI 28/09 AU
LUNDI 05/10 **inclus**

MERCI DE VOTRE COMPREHENSION

HORAIRES D'OUVERTURE

LUNDI de 9H00 à 19H00
Du MARDI au SAMEDI
De 8H00 à 19H00

b

HORAIRES D'OUVERTURE

Mardi :	9h30 – 13h15	14h00 – 17h30
Mercredi :	9h30 – 13h15	14h00 – 17h30
Jeudi :	9h30 – 13h15	15h00 – 18h30
Vendredi :	9h30 – 13h15	14h00 – 17h30
Samedi :	9h00 – 13h00	13h45 – 16h15

ouvert	fermé
le matin	l'après midi
le soir	le week-end
le lundi	de midi à 14 heures

12 La routine

a **Ecoutez Nicolas qui décrit sa journée** (day) **à l'université. Cochez (✓) les verbes que vous entendez.**

je mange ☐   je prends ☐   je travaille ☐   j'habite ☐
j'étudie ☐   je pars ☐   je termine ☐   j'ai ☐
j'arrive ☐   je finis ☐   je vais ☐   je suis ☐
je regarde ☐   je commence ☐

b **Ecoutez encore une fois et dites si les phrases sont vraies ou fausses.**
(Note: **petit déjeuner** = breakfast; **déjeuner** = lunch.)

i Il prend son petit déjeuner à 8h.   **v** Il travaille à la bibliothèque jusqu'à 16h.
ii Les cours commencent à midi.   **vi** Il va à la piscine entre 16h30 et 18h.
iii Il termine à 14h.   **vii** Le soir il prend le train.
iv Il prend son déjeuner à 13h.   **viii** Il arrive à la maison à 19h.

Grammaire

Je <u>prends</u> mon petit déjeuner.
Je <u>prends</u> le bus.
Je <u>commence</u> les cours à 9 heures et je <u>termine</u> à 5 heures.
Je <u>finis</u> mon travail.
J'<u>arrive</u> à la maison à 6 heures. Je <u>pars</u> à 5 heures.

je prend**s**
tu prend**s**
il/elle prend
nous pren**ons**
vous pren**ez**
ils/elles pren**nent**

13 A quelle heure …?

A deux, posez-vous les questions ci-dessous.
A quelle heure est-ce que tu …

a … prends ton petit déjeuner?

b … commences tes cours?

c … finis?

d … vas à la bibliothèque?

e … arrives à la maison?

14 Qu'est-ce que tu aimes faire?

Ecoutez 4 personnes qui expliquent ce qu'elles aiment (like) **faire.**
<u>Soulignez</u> **les erreurs dans les phrases ci-dessous.**

a J'aime le sport. J'aime l'athlétisme.

b J'aime le ski et je n'aime pas la planche à voile.

c J'aime beaucoup le football et je déteste le rugby.

d J'aime bien le cinéma mais je n'aime pas le théâtre.

J'aime beaucoup
J'aime bien
J'aime
Je n'aime pas beaucoup
Je n'aime pas
Je déteste

Elles aiment beaucoup le football

 15 J'aime bien le sport

Lisez et complétez le texte. Ecoutez pour vérifier vos réponses.

J'aime bien le sport. J'aime **(a)**_____ à la piscine et j'aime **(b)**_____ au
tennis. J'aime aussi **(c)**_____ au ping-pong et au volley-ball. J'aime beaucoup
(d)_____ de l'athlétisme, surtout de la course. Je n'aime pas beaucoup
(e)_____ du ski et je déteste **(f)**_____ à la gym.

 Découvrir … le top 10 du sport en France.

Allez en ligne (he.palgrave.com/foundations) **pour en savoir plus.**

16 Je déteste la gym!

Ecoutez 4 dialogues. Put a tick by the things that the speakers like doing and a cross by the ones that they dislike doing.

a Archie   going swimming   ☐   **c** Electra   going to the gym   ☐
                 playing football ☐   going shopping   ☐
                 playing rugby   ☐   listening to music   ☐
                 going to the cinema ☐   going to the theatre ☐

b Thomas   going dancing   ☐   **d** Claudia   watching television ☐
                 playing sport   ☐   playing cards   ☐
                 going cycling   ☐   doing yoga   ☐
                 going windsurfing ☐   cooking   ☐

> ### Grammaire
>
> J'aime <u>jouer</u> au tennis.   J'aime beaucoup <u>faire</u> du sport.   Je n'aime pas <u>lire</u>.

17 Tu dois travailler!

Quel est le problème de Catherine? Lisez le dialogue pour répondre à la question. Ensuite, écoutez la prononciation.

Catherine   Pierre, qu'est-ce que je dois faire?
Pierre   Tu as un problème?
Catherine   Oui, c'est dimanche soir et je n'ai pas fini ma dissertation et je dois finir ce soir.
Pierre   Il est huit heures, tu as le temps!
Catherine   Mais je voudrais regarder une émission à la télé!
Pierre   Ecoute Catherine, tu dois travailler!

> Qu'est-ce que je <u>dois</u> faire?   Tu <u>dois</u> travailler.   Vous <u>devez</u> travailler.

18 Qu'est-ce que je dois faire?

A deux, donnez des conseils (advice). **Utilisez le verbe "devoir".**
(Exemple: – Je suis trés fatigué(e). – Tu dois aller au lit.)

a Je n'ai pas d'argent.   **d** Oh là là! Il est 3 heures.
b Nous n'avons pas de lait.   **e** Je n'ai pas fini ma dissertation.
c Zut! La bibliothèque est fermée. **f** Le bus n'arrive pas.

Extra!

 1 Le week-end

Listen to three people describing their work and their weekend and write down three activities for each one.

Ricardo   _____

           _____

           _____

           _____

Anne   _____

           _____

           _____

           _____

Daniela   _____

           _____

           _____

Ce weekend on fait du vélo

2 J'aime rester au lit

Read through a description of Mina's weekend and answer the questions below.
(Note: **faire la grasse matinée** = to have a lie-in.)

> Le week-end je suis toujours très occupée. Le samedi j'aime beaucoup faire des courses avec mes amis. D'habitude nous prenons le petit déjeuner ensemble à neuf heures et puis nous allons au centre-ville. Nous faisons le tour des magasins et puis nous déjeunons ensemble vers une heure. Le samedi après-midi je vais à la gym ou à la piscine avec ma copine Sandra. Le samedi soir j'aime sortir avec mes amis aussi. Souvent, nous allons au restaurant et puis nous regardons un film ou bien nous allons dans un bar ou en boîte. Le dimanche, par contre, j'aime faire la grasse matinée, j'aime rester au lit jusqu'à midi.

a   What does Mina like doing on Saturday mornings?

b   At what time does she have breakfast?

c   What does she often do at about one o'clock?

d   Name two things she might do on a Saturday afternoon.

e   Describe a typical Saturday evening.

f   What time does Mina get up on Sundays?

J'aime boire un verre le samedi soir

Grammaire

à and de followed by le or les ▶(see page 153)

Some verbs can be constructed with a preposition (**à** or **de**), for example **aller à**, **jouer à** (+ game), **jouer de** (+ musical instrument). When **à** and **de** are followed by the articles **le** or **les**, they always merge, as follows:

à + le > <u>au</u>	de + le > <u>du</u>	E.g. **Je vais <u>au</u> parc. / Nous allons <u>à la</u>**
à + la = <u>à la</u>	de + la = <u>de la</u>	**piscine.**
à + l' = <u>à l'</u>	de + l' = <u>de l'</u>	**Ils jouent <u>au</u> football. / Elle joue <u>de la</u>**
à + les > <u>aux</u>	de + les > <u>des</u>	**guitare.**

aller

The very useful verb **aller** (to go) is the only -**er** verb which does not follow the regular pattern: **je <u>vais</u>, tu <u>vas</u>, il/elle <u>va</u>, nous all<u>ons</u>, vous all<u>ez</u>, ils/elles <u>vont</u>**

Verbs ending in -ir and -re ▶(see page 151)

Most verbs ending in -**ir** and -**re** follow a regular pattern when conjugated.
There are two types of verb ending in -**ir**, the **partir** and **sortir** type and the **finir** type.

attend<u>re</u> (to wait)	**part<u>ir</u>** (to leave)	**fin<u>ir</u>** (to finish)
j'attend<u>s</u>	je par<u>s</u>	je fin<u>is</u>
tu attend<u>s</u>	tu par<u>s</u>	tu fin<u>is</u>
il/elle attend	il/elle par<u>t</u>	il/elle fin<u>it</u>
nous attend<u>ons</u>	nous part<u>ons</u>	nous fin<u>issons</u>
vous attend<u>ez</u>	vous part<u>ez</u>	vous fin<u>issez</u>
ils/elles attend<u>ent</u>	ils/elles part<u>ent</u>	ils/elles fin<u>issent</u>

The present tense in French can express both something that you do and something that you are doing. E.g. **Je vais au parc.** = 'I go to the park' or 'I am going to the park'.

aimer and devoir

If you want to say that you or someone likes something, you need to use the <u>article</u> **le/la/les/l'**. E.g. **J'aime le football. Elles aiment la danse. Il aimes les cartes**

If you want to say that you like doing something, e.g. 'I like playing golf', you need to use the infinitive after the verb. E.g. **Il aime regarder la télévision. Nous aimons jouer au tennis. Elles aiment faire de l'athlétisme.**

The verb **devoir** is used to indicate that you must do something. Note again that the infinitive is used after the verb. E.g.
Je d<u>ois</u> aller à la banque.   **Il/Elle d<u>oit</u> rester au lit.**
Vous dev<u>ez</u> arrêter de fumer.   **Nous dev<u>ons</u> faire du sport.**

Exercices de grammaire

à and de followed by le or les

1 Complete the following sentences with the correct pronoun (**je, tu, il, elle, nous, vous, ils, elles**) and the appropriate preposition (**à** or **de**) combined with the article (e.g. **au, à la, à l', aux, du, de la, de l', des**). E.g. **Je joue au football**.

a _____ jouons _____ piano.   d _____ allez _____ université?

b _____ joues _____ tennis.   e _____ jouent _____ cartes.

c _____ vais _____ cinéma.   f _____ vas _____ piscine?

aimer and devoir

2 Read the following text and put the verb in italics in the appropriate form.

Je suis très active et j'(*aimer*) (**a**)_____ faire du sport. Deux fois par semaine je (*aller*) (**b**)_____ à la piscine et j'aime aussi (*faire*) (**c**)_____ du yoga. Je (*aimer – negative*) (**d**)_____ lire. Le week-end je (*sortir*) (**e**)_____ avec mes amis. Nous (*aller*) (**f**)_____ au cinéma ou au théâtre et après nous (*aimer*) (**g**)_____ aller au café ou au bar ensemble. Mon copain (*être – negative*) (**h**)_____ très sportif. Il (*préférer*) (**i**)_____ faire des choses plus tranquilles, par exemple il (*aimer*) (**j**)_____ aller à la pêche et surtout il (*adorer*) (**k**)_____ regarder la télévision.

J'aime aller à la piscine

3 How would you say the following in French?

a Do you (formal) like playing sport?   d He does not like going to the cinema.

b She does not like swimming.   e I like watching television.

c We really like playing cards.

4 Re-order the following jumbled sentences.

a à / dimanche / l'église / matin / il / aller / le / doit

b soir / ce / je / sortir / dois

c lit / au / doivent / ils / aller

d quelque / tu / boire / chose / dois

e après-midi / devons / cet / travailler / nous

f faire / vous / du / sport / devez

W Go to the companion website (**he.palgrave.com/foundations**) for more grammar exercises.

Vocabulaire

🎧 **Les jours de la semaine** — **Days of the week**

lundi	Monday
mardi	Tuesday
mercredi	Wednesday
jeudi	Thursday
vendredi	Friday
samedi	Saturday
dimanche	Sunday
fermé	shut
ouvert	open

🎧 **Les repas** — **Meals**

le petit déjeuner	breakfast
le déjeuner	lunch
le dîner	evening meal
prendre	to take/to have
manger	to eat
déjeuner	to have lunch

🎧 **Quand?** — **When?**

avant	before
après	after
à quelle heure?	what time?
à 1 heure	at 1 o'clock
de 3 heures à 5 heures	from 3 o'clock to 5 o'clock
les cours (m)	lectures, lessons
toujours	always
le matin	in the morning
l'après-midi (m or f)	in the afternoon
le soir	in the evening
le week-end	at the weekend
aujourd'hui	today
demain	tomorrow
à la maison	at home
devoir	to have to

🎧 **Les loisirs** — **Leisure activities**

regarder la télévision	to watch television
lire un livre	to read a book
faire la grasse matinée	to have a lie in
aller à la gym/piscine/ bibliothèque	to go to the gym/ swimming pool/library
aller au cinéma/ théâtre	to go to the cinema/ theatre
aller en boîte	to go to a nightclub/ to go clubbing
écrire un e-mail/ une lettre	to write an email/a letter
écouter de la musique	to listen to music
jouer du piano/violon	to play the piano/violin
jouer de la guitare	to play the guitar
jouer au tennis/ aux cartes/au football	to play tennis/cards/ football
jouer à la balle/ pétanque	to play ball/boules
faire une dissertation	to write an essay
faire le ménage	to do the housework
ne rien faire de spécial	to do nothing special
faire de l'aérobic/ l'athlétisme	to do aerobics/to do athletics
faire du sport	to do sport
faire du vélo/yoga/ footing	to cycle/to do yoga/ to go jogging
faire du rugby/ volleyball	to play rugby/volleyball
faire du ping-pong	to play table tennis
faire de la marche/ danse/photographie	to go walking/to go dancing/to do photography
faire de la planche à voile	to go windsurfing
faire des courses	to do the shopping
faire la cuisine	to cook
faire la fête	to party
boire un verre	to go for a drink
faire des recherches	to do research
aimer bien/beaucoup	to like/like a lot
détester	to hate, to detest
préférer	to prefer
adorer	to love

On aime jouer à la pétanque dans le sud de la France

Travail à deux

1 Tu aimes …?

Working with a partner, use the prompts below to ask about the different types of things s/he likes and dislikes doing. You start.

– Do you like to play sport?

– What different types of sport do you like doing?

– What different types of sport do you not like doing?

– What do you like to do at the weekend?

2 Prendre rendez-vous

You are trying to organise a meeting with your partner. Look at your diary below and ask your partner whether he or she is free at the times of the day you are available. S/he will try to find out when you are available. E.g. – **Tu es libre mardi matin? – Non, je ne suis pas libre, je …**

lundi	10h00 – 12h00 anglais / 2h00 – 5h00 séminaire
mardi	10h15 rendez-vous chez le dentiste
mercredi	9h00 – 10h30 chimie / 6h00 match de foot
jeudi	2h00 bibliothèque / 7h00 piscine
vendredi	9h30 – 12h30 maths / 2h00 – 4h00 biologie
samedi	2h30 rendez-vous avec Richard / 8h00 cinéma
dimanche	12h00 déjeuner chez grand-mère

Mon prof de maths

Chez le dentiste

Travail à deux

1 Tu aimes …?

Working with a partner, use the prompts below to answer questions about the different types of things you like and dislike doing. Your partner will start.

– You like playing sport a lot.

– You like swimming, jogging and cycling. You also like watching football.

– You do not like watching or playing rugby. You hate golf!

– At the weekend you like to go shopping on Saturdays and in the evenings you often go out with friends to the cinema or to a bar. On Sundays you go swimming or you go to the gym.

2 Prendre rendez-vous

You are trying to organise a meeting with your partner. Look at your diary below and ask your partner whether he or she is free at the times of the day you are available. S/he will try to find out when you are available. E.g. – **Tu es libre mardi matin? – Non, je ne suis pas libre, je …**

lundi	10h30 – 1h00 linguistique / 6h00 supermarché
mardi	10h00 – 12h30 espagnol / 2h00 – 4h00 littérature / 6h00 supermarché
mercredi	2h00 – 4h30 séminaire / 6h00 supermarché
jeudi	3h00 – 5h00 poésie / 6h00 supermarché
vendredi	10h00 – 12h30 espagnol / 6h00 supermarché
samedi	8h30 anniversaire de Jacqueline
dimanche	2h00 tennis

Un cours de littérature

Un match de tennis

En ville

When you have completed this unit, you will be able to understand street signs, ask for and give directions, describe locations, shop for clothes and food, count beyond seventy, and express preferences.

1 Où est la poste?

Observez les photos ci-dessous. Indicate which you would need if:

a you wanted to buy a newspaper;

b you needed to buy medication;

c you wanted to use the underground;

d you had badly hurt yourself;

e you wanted to withdraw some money;

f you wanted information about the town;

g you needed to buy some clothes;

h you were looking for the name of a street;

i you wanted to send a postcard.

1 Le centre commercial

2 La rue Poulletier

3 La pharmacie

4 La station de métro

5 L'hôpital

6 La poste

7 La banque

8 L'office de tourisme

9 Le tabac-presse

2 Tu veux aller à la gare?

Regardez 3 personnes qui indiquent le chemin (give directions) et complétez les instructions.

a Tu veux aller à la gare? Oh, c'est très simple: tourne à _____, continue tout _____ jusqu'aux feux, traverse la route et là, la gare est sur ta _____.

b Pour aller au restaurant, prenez la _____ rue à gauche, longez le boulevard. Ensuite, une fois arrivé à la place, vous tournez à _____ et au prochain coin, vous trouverez le restaurant.

c Vous voulez aller à la gare? Prenez le boulevard, _____ droit, jusqu'à la _____ à droite, puis vous allez jusqu'au carrefour. Là vous tournez à _____ et la gare se trouve légèrement sur votre _____.

D'autres exercices en ligne: **he.palgrave.com/foundations**

Pardon monsieur / madame,	<u>où est</u> le centre commercial? <u>il y a</u> une station de métro <u>près d'ici</u>?			
C'est (Vous) allez (Vous) continuez	tout droit.	(Vous) prenez	la première (rue) la deuxième (rue) la troisième (rue)	à gauche. à droite.
C'est	ici / là / là-bas.	(Vous) tournez	à gauche. à droite.	
	sur votre droite.	(Vous) traversez (Vous) longez	la rue / la route / la place / le carrefour. le boulevard / la rivière.	
Tu vas / Tu continues … C'est sur ta droite. Vas / Continue …		Tu prends / Tu tournes / Tu traverses / Tu longes … Prends / Tourne / Traverse / Longe …		

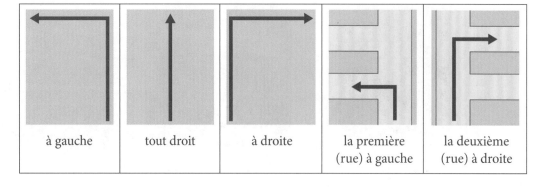

| à gauche | tout droit | à droite | la première (rue) à gauche | la deuxième (rue) à droite |

3 Où vont-ils?

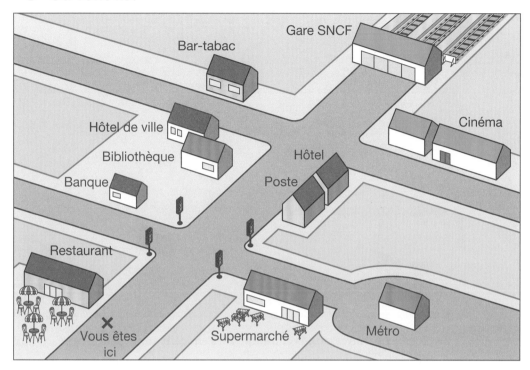

a Lisez les instructions et trouvez les 3 endroits (places) sur le plan.
– C'est là, tout droit, à gauche après les feux.
– Alors, vous prenez la première rue à droite, et c'est là, à droite.
– Allez tout droit et prenez la deuxième à gauche. C'est à droite.

b Ecrivez les instructions pour aller au cinéma et à la banque.

c A deux, imaginez deux conversations similaires.

Vous continuez tout droit. Je vous montre … regardez la carte ici.

4 Plan de Lille

You start here

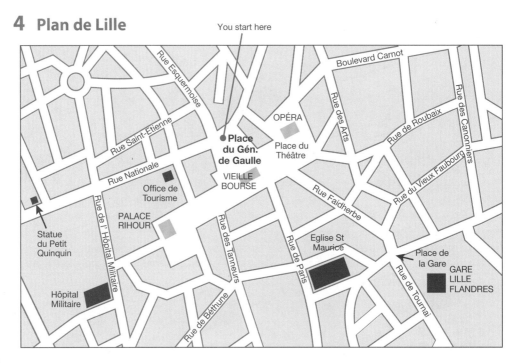

headphones **a** **Ecoutez 4 conversations et indiquez les endroits sur le plan.** Start <u>each time</u> from Place du Général de Gaulle.

C'est	à	gauche.	– C'est près/loin d'ici?
	sur la	droite.	– Non, c'est à 200 m / 1 km (d'ici).
	sur votre		5 min. / ½ h
Prenez la rue Nationale, puis la deuxième à gauche.			

pencil **b** **Mettez les mots dans l'ordre pour faire 3 phrases.**

  i   à / Nationale / puis / la / Prenez / deuxième / la / rue / gauche

  ii la / Paris / place / rue / la / prenez / Traversez / et / de

  iii sur / cents / C'est / deux / droite / à / mètres / la

5 C'est à 5 minutes

Vous êtes à Lille, place du Général de Gaulle.
A deux, demandez et indiquez le chemin (way)
pour aller à:

– l'opéra;
– la gare de Lille-Flandres;
– l'office de tourisme;
– la rue des Canonniers.

> *Place du Général de Gaulle, Lille, nommée en hommage au*
> *célèbre général après la Seconde Guerre mondiale*

6 La boulangerie est en face

Ecoutez la conversation dans un office de tourisme et traduisez les mots ci-dessous.
Utilisez le plan pour vous aider.

a à côté de **b** entre **c** en face de **d** devant **e** au coin de **f** derrière

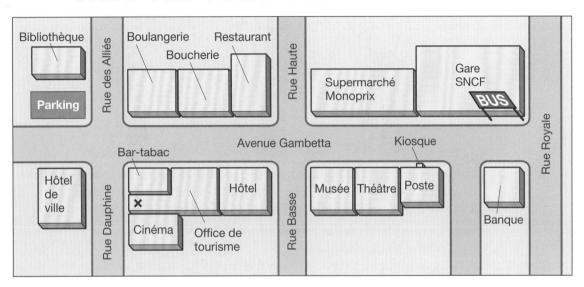

 7 Devant ou derrière?

Regardez le plan et dites si les phrases ci-dessous sont vraies ou fausses. Ensuite,
corrigez les phrases qui sont fausses.

a Le restaurant est derrière la boucherie.

b La bibliothèque est dans l'avenue Gambetta.

c Entre la poste et le musée, il y a une pharmacie.

d Le supermarché est à côté de la gare SNCF.

e L'office de tourisme est au coin de la rue
Dauphine et de l'avenue Gambetta.

f La boucherie est à côté du restaurant.

g La boulangerie est en face du bar-tabac.

h Il y a un arrêt d'autobus devant la poste.

 8 C'est quoi?

Travaillez à deux. Choisissez un endroit sur
le plan. Indiquez le chemin pour y aller et
demandez à votre partenaire de le trouver.
(Exemple: – C'est au coin de la rue Haute et
de l'avenue Gambetta, à côté de la boucherie.
– C'est le restaurant.)

Et voilà une pâtisserie

9 Au magasin de vêtements

le tee-shirt

la veste

le jean

les chausssures

le pull

le manteau

la jupe

les bottes

le sweat

le pantalon

les baskets

Ecoutez la conversation dans un magasin de vêtements et répondez aux questions
en anglais. (Note: **essayer** = to try (on); **Je peux vous aider?** = Can I help you?
la cabine d'essayage = fitting room; **la taille** = size.)

a   What does David want to try on?
b   What else is he looking for?
c   What is wrong with the item he has tried on?
d   What is his size, using the French system?
e   What does he eventually buy? How much is it?

Je peux vous aider?	Il/Elle est trop petit(e) / grand(e).
Je peux essayer?	Vous faites quelle taille / pointure?
Où est la cabine d'essayage?	Vous l'avez en (taille) 40?

Grammaire

Vous prenez le manteau? Oui, je <u>le</u> prends.	le manteau noir	la veste noir<u>e</u>
Vous prenez la veste? Oui, je <u>la</u> prends.	les pulls noir<u>s</u>	les jupes noir<u>es</u>
Vous prenez les chaussures? Oui, je <u>les</u> prends.		

70 soixante-dix	80 quatre-vingts	90 quatre-vingt-dix
71 soixante et onze	81 quatre-vingt-un	91 quatre-vingt-onze
72 soixante-douze	82 quatre-vingt-deux	92 quatre-vingt-douze
73 soixante-treize	83 quatre-vingt-trois, etc.	93 quatre-vingt-treize, etc.
74 soixante-quatorze		
75 soixante-quinze	100 cent	
76 soixante-seize	101 cent un 102 cent deux, etc.	
77 soixante-dix-sept	200 deux cents	
78 soixante-dix-huit	1000 mille, 10 000 dix mille, 100 000 cent mille	
79 soixante-dix-neuf	1 000 000 un million	

10 C'est combien?

Ecoutez 2 autres conversations dans un magasin de vêtements et remplissez la grille.

	conversation 1			conversation 2	
vêtement	jean		pull	chemise	
quantité					
prix	75€	55€	250€		180€
total					

Grammaire

Demonstrative adjectives (this/that/these/those)

un/le pull > <u>ce</u> pull   une/la veste > <u>cette</u> veste   des/les tee-shirts > <u>ces</u> tee-shirts

11 Tu préfères le rouge?

a Ecoutez la conversation et répondez aux 2 questions en anglais.

(Note: **gris(e)** = grey; **blanc(he)** = white; **marron** = brown; **les deux** = both.)

  i What does Jacques need to buy?

  ii What does he finally purchase? Give all the details.

b Ecoutez encore une fois et traduisez les phrases en français.

i Do you like these trousers?	**iv** I prefer the black ones.
ii Me too.	**v** Do you want to try them on?
iii I like both of them.	

Tu aimes ce pull marron?	Non, je ne l'aime pas, je préfère le bleu.
Tu aimes cette jupe verte?	Non, je ne l'aime pas, je préfère la rouge.
Tu aimes ces chaussures noires?	Non, je ne les aime pas, je préfère les grises.

12 Je prends la bleue

A deux, inventez un dialogue au magasin de vêtements.

13 Les magasins

a Ecoutez la conversation et cochez les noms de magasins que vous entendez.

la boucherie ☐	l'épicerie ☐	le marchand de journaux ☐
la boulangerie ☐	la poissonnerie ☐	la librairie ☐
la pâtisserie ☐	le marchand de fruits et légumes ☐	la pharmacie ☐
la crèmerie ☐	la charcuterie ☐	le bar-tabac ☐

b A deux, trouvez leur équivalent en anglais.

14 Où est-ce qu'on achète …?

A deux, indiquez dans quels magasins vous pouvez acheter ces produits.

 du poisson

 des timbres

 du fromage

 du jambon

 du saucisson

 du pain

 des médicaments

 un journal

 de la viande

 un livre

 un gâteau

 des bonbons

 de l'eau

 des tomates

 de la crème solaire

 des saucisses

 une pomme

 du raisin

 du lait

 un chou-fleur

 du yaourt

 un éclair

 des crevettes

 des carottes

 du concombre

Grammaire

The article **'du'** (some)

<u>du</u> pain	<u>de l'</u>eau
<u>de la</u> viande	<u>des</u> fruits

15 Tu fais les courses?

a Ecoutez la conversation entre deux colocataires et faites la liste des courses (10 produits). (Note: **frigo** = fridge; **il faut** = we need.)

b A deux, imaginez un dialogue similaire. Ecrivez-le et jouez les rôles.

Découvrir … la France brocante.

Allez en ligne (he.palgrave.com/foundations) pour en savoir plus.

Extra!

1 Voyage à Londres

Alain is going to visit his English friend Dennis in London for the first time. He has just received an email from him, with directions on how to get to his place. Read the email and indicate whether the following statements are true (T) or false (F).

a   Dennis loves London.
b   Dennis's brother will be staying with them as well.
c   When Alain comes out of the station, he has to turn right.
d   Dennis lives in the second street on the right after the supermarket.
e   The house is opposite a library.
f   It is a long walk from the tube station.

A: alaingodet@orange.fr
Objet: Voyage à Londres

Cher Alain,

Comment ça va? Je suis impatient de te voir ici, à Londres. J'adore cette ville! Il y a beaucoup de choses à faire: promenades, musées, shopping, cinéma, sorties en boîte, etc., etc.! Mon frère est là aussi en ce moment, ce sera sympa!

Alors, pour aller à l'appartement de la station de métro de Holloway Road (sur la ligne Piccadilly), tu tournes à gauche et tu continues tout droit dans Holloway Road. Au carrefour, tu tournes à droite, puis tu prends la première rue à gauche (derrière un supermarché) et puis la deuxième à droite. C'est là, au numéro 25a. C'est à côté d'une petite bibliothèque.

Voilà. Ce n'est pas très loin, à dix minutes environ. Bon voyage!

A très bientôt,

Dennis
PS: mon numéro de portable est le 06 87 12 43 62.

---

2 Combien coûte la jupe?

Listen to a conversation between Sarah and Alex in a clothes shop and answer the questions below in English. (Note: **C'est combien?** = How much is it?; **cher/chère** = expensive.)

a   What item of clothing does Alex try on?
b   What items of clothing does Sarah try on?
c   How much is the skirt?
d   What does Alex eventually buy?

Tu aimes cette jupe?

Grammaire

Verbs: imperative form
▶ **(see pages 152 and 153)**

When giving instructions or telling someone to do something, the imperative form can be used: e.g. <u>**Attendez!**</u> (= Wait!) / <u>**Faites attention!**</u> (= Be careful!). It is generally constructed like the present indicative (the form you have been using up until now, e.g. **vous faites …**), but without the pronoun **vous**. Similarly, in informal style the pronoun **tu** is left out.

E.g. <u>**Tournez**</u> **à droite.** / <u>**Prenez**</u> **la deuxième à gauche.**

<u>**Prends**</u> **la rue Dauphine.** / <u>**Continue**</u> **tout droit.** (Note that with **-er** verbs, the final **-s** is dropped.)

However, because the imperative form is very direct, the **vous/tu** of the present indicative form is generally preferred, especially when giving instructions (e.g. **Vous tournez à droite. / Tu prends la rue Basse.**).

Prepositions of location
▶ **(see page 153)**

When you are describing where something is in relation to something else, you need to use a preposition. Some prepositions of location are constructed with **de** (e.g. **en face <u>de</u> la banque**), others not (e.g. **la boulangerie est derrière le parking**). Remember that when **de** is followed by **le** or **les** it merges to become **du/des**.

E.g. **La banque est près <u>du</u> bar-tabac. / Il y a un téléphone près <u>des</u> toilettes.**

le/la/l'/les ▶ **(see pages 150 and 151)**

The direct object pronouns **le/la/les** are used to avoid repetition of the object in a sentence.

E.g. – **Vous prenez la jupe bleue?**

– **Oui, je <u>la</u> prends.**

When the object is masculine it is replaced with **le** (or **l'**), when it is feminine with **la** (or **l'**), and when it is plural with **les**. Note that these pronouns come before the verb.

ce/cet/cette/ces ▶ **(see page 149)**

The demonstrative adjectives **ce/cet/cette** ('this' or 'that') and **ces** ('these' or 'those') are used when referring to an object or a person by pointing at them. E.g. <u>**Ce manteau, dans le magasin**</u>. When the noun that follows is masculine, **ce** and **cet** (+ vowel) are used. If it is feminine **cette** is used and if it is plural **ces** is used.

<u>**ce**</u> **pull** (masculine)

<u>**cet**</u> **imperméable** (masculine, starting with a vowel)

<u>**cette**</u> **jupe** (feminine)

<u>**ces**</u> **chemises** (plural)

Adjectives ▶ **(see pages 149 and 150)**

Adjectives are usually placed directly after the noun and agree in gender (**la chemise grise**) and number (**les chemises grises**). With a masculine noun, the adjective does not change. With a feminine noun, an **-e** is added to the ending: e.g. **la veste vert<u>e</u>**. However, there are some exceptions: e.g. **le pull blanc/la veste blanch<u>e</u>**. Adjectives which already end with an **-e** do not change with a feminine noun: e.g. **le pull rouge/la veste rouge**. With a plural noun, an **-s** is added to the ending: e.g. **les jupes bleue<u>s</u>**, unless the adjective already ends in **-s**.

du/de la/de l' ▶ **(see page 149)**

The article **du** is used to refer to an unspecified quantity:

<u>**du**</u> **pain** (masculine)

<u>**de la**</u> **crème** (feminine)

<u>**de l'**</u>**eau** (word starting with a vowel)

<u>**des**</u> **carottes** (plural)

Exercices de grammaire

Verbs: imperative form

1 **a** Fill in the gaps in the text below with the imperative form of the verb in brackets, using 'vous'.

Vous voulez aller au Musée d'Art Ancien? Eh bien, (*prendre*) **(a)**_____ cette rue, (*aller*) **(b)**_____ tout droit et (*tourner*) **(c)**_____ à gauche aux feux. Vous arrivez à une place; (*traverser*) **(d)**_____ la place et (*prendre*) **(e)**_____ la rue entre la poste et le cinéma. (*Continuer*) **(f)**_____ toujours tout droit et c'est là, en face.

b Rewrite the text using **tu**. E.g. *Tu veux aller au Musée ...*

Prepositions of location

2 Fill in the gaps in the following sentences.

La bibliothèque est dans **(a)**_____ rue de Nancy au coin **(b)**_____ rue de Guise et **(c)**_____ avenue Charles de Gaulle. C'est en face **(d)**_____ théâtre et à côté **(e)**_____ Hôtel de ville.

La gare SNCF n'est pas loin. C'est près **(f)**_____ supermarché Océan. Il y a une pharmacie juste en face.

L'office de tourisme est sur **(g)**_____ place Gambetta. C'est entre **(h)**_____ boucherie et **(i)**_____ bar-tabac.

le/la/l'/les

3 Read the following sentences and fill in the gaps with the appropriate object pronoun.
  – Je voudrais le manteau blanc. – Vous voulez **(a)**_____ essayer?
  – J'aime bien la jupe rouge. – Tu **(b)**_____ prends? – Oui, je **(c)**_____ prends.
  – Vous prenez les deux pantalons verts? – Oui, je **(d)**_____ prends.
  – Elle aime la chemise rose? – Oui, elle **(e)**_____ aime beaucoup.

ce/cet/cette/ces

4 Replace the underlined article with the appropriate demonstrative adjective.

E.g. **Prenez <u>la</u> rue à droite, ici.** > *Prenez <u>cette</u> rue à droite, ici.*

a <u>La</u> boulangerie est excellente.
b Tournez à gauche après <u>les</u> feux.
c C'est tout droit après <u>le</u> carrefour.
d <u>La</u> jupe rouge est magnifique!
e Vous prenez <u>les</u> pantalons?
f Je voudrais essayer <u>l'</u>imperméable.

Adjectives

5 Change the following sentences to the plural form.

E.g. **le pull vert** > *les pulls verts*

a la chemise rose >
b le tee-shirt blanc >
c le pantalon rouge >
d la jupe bleue >
e le gilet gris >
f la robe jaune >

W Further grammar exercises are available on the companion website (he.palgrave.com/foundations).

Vocabulaire

🎧 **Trouver le chemin**	**Finding the way**
aller	to go
continuer	to carry on, to continue
longer	to go along
prendre	to take
tourner	to turn
traverser	to cross
savoir	to know
la rue	street
l'avenue (f)	avenue
le boulevard	boulevard
la place	square
le carrefour	crossroads
les feux (m)	traffic lights
puis	then
avant	before
là-bas	over there
après	after
tout droit	straight on
à gauche	on the left
à droite	on the right
près (de)	near
loin (de)	far (from)
sur	on
entre	between
devant	in front (of)
derrière	behind
à côté (de)	beside
en face (de)	opposite
au coin (de)	on the corner (of)
ici	here
là	there
le plan	street map

🎧 **Les bâtiments et magasins**	**Buildings and shops**
l'arrêt (m) d'autobus	bus stop
la banque	bank
la bibliothèque	library
la boucherie	butcher's
la boulangerie	baker's
le centre commercial	shopping centre
la charcuterie	delicatessen
le cinéma	cinema
la crèmerie	dairy shop
l'épicerie (f)	grocer's
la gare	train station
l'hôpital (m)	hospital
l'hôtel (m)	hotel
l'Hôtel (m) de ville	town hall
la librairie	bookshop
le marché	market

le marchand de fruits et légumes	greengrocer's
le musée	museum
l'office (m) de tourisme	tourist office
la pâtisserie	cake shop
le parking	car park
la pharmacie	chemist's
la poste	post office
la poissonerie	fishmonger's
le restaurant	restaurant
la station de métro	underground station
le supermarché	supermarket
le tabac	tobacconist's
le théâtre	theatre

🎧 **Les vêtements**	**Clothing**
la veste	jacket
l'imperméable (m)	raincoat
le manteau	coat
la robe	dress
la jupe	skirt
le pantalon	trousers
le pull	jumper
le gilet	cardigan
la chemise	shirt
le chemisier	blouse
le tee-shirt	t-shirt
le jean	jeans
le sweat	sweatshirt
les baskets (f)	trainers
les bottes (f)	boots
les chaussures (f)	shoes
la cabine d'essayage	changing room
aider	to help
essayer	to try
la caisse	till, checkout
les deux	both (of them)

🎧 **Les couleurs**	**Colours**		
blanc(he)	white	jaune	yellow
bleu(e)	blue	vert(e)	green
marron	brown	rose	pink
noir(e)	black	beige	beige
rouge	red	gris(e)	grey
orange	orange		

🎧 **Aliments, boissons et autres produits**	**Food, drinks and other items**
les bonbons (m)	sweets
la brocante (f)	second hand market
la carotte	carrot
le céleri	celery
le chou-fleur	cauliflower
le concombre	cucumber
la crème solaire	sunscreen
les crevettes	prawns
l'eau (f)	water
le gâteau	cake
un journal	newspaper

See page 172 for Additional unit vocabulary

Travail à deux

1 Demander son chemin

a Find out from your partner where the following places are on the map and mark them on:

- the underground station
- Hôtel du Centre
- restaurant 'Chez Marcel'
- the library

b Answer your partner's questions about where certain buildings are.

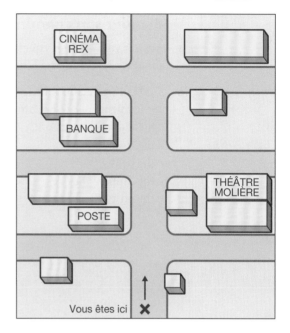

2 Au marché

Carottes
Céleri
Navets
Chou-fleur
Tomates
Concombre
Oignons

You are shopping for food in the market pictured above and you have a budget of €15. Ask the market stall holder for the price of each item you are interested in and work out what you are going to buy.

Travail à deux

1 Demander son chemin

a Answer your partner's questions about where certain buildings are.

b Find out from your partner where the following places are on the map and mark them on:
- the Rex cinema
- the bank
- the Molière theatre
- the post office

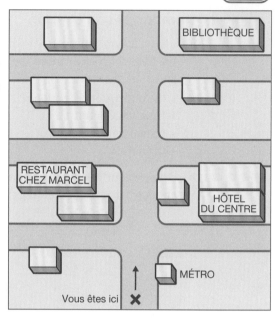

2 Au marché

Les prix

Carottes	1,50€	le kg
Céleri	3,10€	la pièce
Navets	3,90€	le kg
Chou-fleur	2,80€	la pièce
Tomates	5,90€	le kg
Concombre	1,10€	la pièce
Oignons	1,50€	la botte

A customer who has a specific amount of money to spend is enquiring about the price of different items. Tell him/her the prices and work out how much s/he has to pay.

En route

When you have completed this unit, you will be able to locate places on a map and state what you are going to do; request and give information about travelling by train and other means of transport; deal with timetables.

1 Je vais en France

Ecoutez un dialogue entre trois étudiants et cochez sur la carte ci-dessous les villes et pays mentionnés.

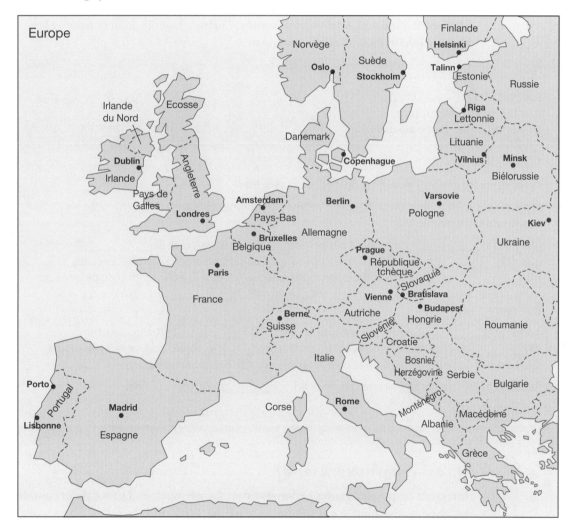

Europe

la France > aller en France   l'Angleterre > aller en Angleterre
le Portugal > aller au Portugal   les Pays-Bas > aller aux Pays-Bas
Rome > aller à Rome   Paris > aller à Paris

2 Tu vas où?

Voici un résumé du dialogue. Trouvez les prépositions qui manquent.

Je vais aller (**a**)_____ Porto (**b**)_____ Portugal.

Je vais commencer par aller (**c**)_____ Suisse puis (**d**)_____ Italie.

Tu vas aller (**e**)_____ Grèce?

Non, je vais partir (**f**)_____ Pays-Bas.

Mon copain va travailler (**g**)_____ Madrid (**h**)_____ Espagne.

3 Vous allez partir avec moi?

Marc écrit à son ami Adrien (et sa copine, Lorine). Lisez l'e-mail et trouvez les prépositions et les verbes qui manquent.

Envoyé: 11:57
A: a.thomas@hotmail.com
Objet: Vous allez partir avec moi?

Salut Adrien!

J'espère que tu vas bien et que les études se passent bien.

Je t'écris pour t'expliquer mes projets de vacances et pour te demander de partir avec moi. J'invite aussi Lorine, bien sûr.

Alors, je (**a**)_____ commencer par prendre l'avion pour Varsovie (**b**)_____ Pologne et je (**c**)_____ rendre visite à mes cousins qui habitent près de la capitale. Ensuite, je (**d**)_____ voyager en train direction la République tchèque. J'ai l'intention de passer deux jours à faire du tourisme (**e**)_____ Prague. Je vais (**f**)_____ en tramway car je sais que ce n'est pas cher.

Après, je (**g**)_____ louer une voiture pour aller (**h**)_____ Autriche. Je vais (**i**)_____ à l'opéra à Vienne avant de partir (**j**)_____ Italie. Et là, je vais me reposer pendant une semaine au bord de la mer et je vais manger des tonnes de glaces!

Réponds-moi vite pour me dire ce que vous (**k**)_____ faire, toi et Lorine!

A bientôt, Marc

4 Qu'est-ce qu'ils vont faire?

Imaginez ce que différentes personnes vont faire le week-end prochain et complétez les phrases. Exemple: Isa et Natalia vont à Lille. Elles vont *faire des courses et elles vont manger au restaurant*.

a Max et Alba vont passer le week-end à Paris. Ils vont _____

b Nous, nous allons voir des amis à Londres. Nous _____

c Vous, vous avez des examens la semaine prochaine. Vous _____

d Laure a une copine espagnole. Elles _____

> Qu'est-ce que vous <u>allez faire</u> pendant les vacances?   Je <u>vais aller</u> à Madrid.
> Où est-ce que tu <u>vas aller</u>?   Elle <u>va partir</u> aux Pays-Bas.

 5 Tu vas travailler?

Réfléchissez! Qu'est-ce que vous allez faire pendant les vacances? A deux, parlez de vos projets de vacances. Utilisez "aller" + infinitif. (Ex: – Je vais travailler en France.)

6 Les transports

A deux, regardez les panneuax de ville ci-dessous et trouvez la signification en anglais.

b

a

c

d

e

f

7 Un aller-retour …

Ecoutez et lisez le dialogue au guichet de la gare de Lille-Flandres et répondez aux questions ci-dessous.

– A quelle heure part le prochain train pour Arras?
– Euh, attendez … à dix heures onze.
– Bien. Trois aller-retour, s'il vous plaît.
– Seconde classe?
– Oui, oui.
– Voilà. Ça fait vingt-quatre euros.
– Voilà. Le train arrive à quelle heure à Arras?
– Alors, il arrive à Arras à … dix heures cinquante-deux.
– Merci. C'est quel quai?
– Quai deux, mademoiselle.
– Bon. Merci beaucoup!

Voyager en première classe est très confortable

a What time does the next train for Arras leave? _____
b How many tickets does Marie need? First or second class? _____
c What time does the train arrive in Arras? _____
d Which platform does Marie have to go to? _____

A quelle heure part le	prochain train pour Arras?	Un (billet)	aller-retour, SVP.
	premier		aller simple
	dernier		
Il arrive à quelle heure?			première/seconde classe
C'est quel quai?			

Grammaire

un quai > <u>quel</u> quai?   des quais > <u>quels</u> quais?
une heure > <u>quelle</u> heure?   des heures > <u>quelles</u> heures?

8 Première classe, s'il vous plaît!

A deux, posez ces questions en français et imaginez une réponse.

– What time does the next train for Calais leave?
– What time does the last train for Paris leave and what time does it arrive in Paris?
– Could I have two single tickets to Paris, please?
– How much is a return ticket to Arras, first class, please?
– What platform is it?

9 L'Eurostar

Ecoutez et complétez le résumé du dialogue à la gare de Lille Europe. (Note: **TGV –
train à grande vitesse.**)

Le client veut une (**a**)_____ pour (**b**)_____ personnes.
Le client veut aller (**c**)_____ Bruges en Belgique.
Le client veut (**d**)_____ le matin, vers (**e**)_____.
Il faut changer à Bruxelles. Il y a une (**f**)_____ à 10h36.
Le train (**g**)_____ à Bruges à 11h26.
Les billets coûtent (**h**)_____ euros.
Il n'y a pas de (**i**)_____ pour
le train de Bruxelles à Bruges.
Il ne faut pas (**j**)_____
les billets Eurostar.

Le TGV

Je peux faire une réservation?
Je voudrais partir/arriver le matin/l'après-midi/le soir/vers 9h.
Départ de Lille Europe à 9h47, arrivée à Bruxelles Midi à 10h25.
Une place côté couloir/fenêtre.
C'est combien, …?
Vous avez un horaire, s'il vous plaît?
Il faut changer à Bruxelles. Il y a une correspondance à 21h02.
Il faut composter les billets?

Grammaire

Je <u>peux réserver</u>? Vous <u>voulez aller</u> à Bruges? <u>Il faut changer</u> à Bruxelles.

10 Quelle heure est-il?

**A deux, entraînez-vous à dire l'heure. Utilisez le système de 24 heures.
(Ex: 07:15 = sept heures quinze; 20:32 = vingt heures trente-deux.)
Puis écoutez la prononciation.**

a 01:45   **b** 19:51   **c** 12:24   **d** 15:30   **e** 23:16   **f** 10:05
g 16:46   **h** 14:13   **i** 21:35   **j** 13:02   **k** 08:19   **l** 20:59

Découvrir … **le train à grande vitesse.**

Allez en ligne (he.palgrave.com/foundations) **pour en savoir plus.**

11 Les horaires

Lisez les horaires de train ci-dessous. Trouvez les mots et expressions anglais qui correspondent aux abréviations françaises.

1 les mar, mer et jeu   a until
2 TGV   b every day
3 tous les jours   c bank holidays
4 sauf   d on Tuesdays, Wednesdays and Thursdays
5 fêtes   e high speed train
6 les sam, dim   f on Saturdays and Sundays
7 jusqu'au   g except

numéro de train	7207	7007	73291	73293	73295	73301	7211	7015	7021	73311	7229	73313	7033	73333	7235	7043	73353
notes à consulter	3	4	5	6	7	8	9	10		8					9		
	TGV ♿	TGV ♿		🚲	🚲		TGV ♿	TGV ♿	TGV ♿		TGV ♿		TGV	🚲	TGV	TGV	
Paris-Nord. Dep	07.28	07.28					07.58	08.28	08.58		09.58		10.58		11.58	12.58	
Lille Flandres Arr			07.35	08.00	08.09	08.29	08.59	09.29	09.59	09.35		10.09	11.59	12.08	12.59	13.59	14.08
Lille Europe Arr	08.27	08.27									10.56						
Croix Wasquehal Arr			07.43	08.07	08.17	08.37	09.17			09.43		10.16		12.15	13.17		14.15
Roubaix Arr			07.48	08.10	08.20	08.42	09.22			09.47		10.20		12.20	13.22		14.20
Tourcoing Arr			07.52	08.14	08.23	08.47	09.28			09.52		10.23		12.23	13.28		14.23

JOURS DE CIRCULATION ET SERVICES DISPONIBLES

3. tous les jours sauf les sam, dim et fêtes ; circule le 1er nov.
4. Les 30 mai et 2 juin ; du 6 juin au 11 juil et à partir du 29 août : les mar, mer et jeu sauf les 13 juin et 1 er nov.
5. jusqu'au 30 juin et à partir du 28 août : tous les jours sauf les dim et fêtes.
6. tous les jours sauf les sam, dim et fêtes.
7. les sam sauf le 11 nov.
8. jusqu'au 30 juin et à partir du 28 août : tous les jours sauf les sam, dim et fêtes.
9. tous les jours sauf les 11 et 12 juin.
10. jusqu'au 15 juil et à partir du 28 août : tous les jours sauf les dim et sauf le 12 juin.

🚲 Vélo : transport gratuit

♿ Place(s) handicapés

TGV Réservation obligatoire

 12 Quel train?

Consultez les horaires et trouvez un train qui correspond aux besoins des voyageurs.

a Anne et son mari veulent un train qui arrive à Lille Flandres, le lundi, vers neuf heures du matin. Ils préfèrent prendre un train rapide.

b Lorraine habite à Lille. Elle a un vélo et elle ne veut pas prendre le TGV (c'est plus cher) pour aller à Tourcoing. Elle voudrait partir avant 9 heures.

c C'est samedi matin, et Pierre et son amie veulent aller à Lille pour le congrès des personnes handicapées qui commence à dix heures. Pierre voyage en chaise roulante et désire prendre un train rapide.

 13 A la gare

Trouvez le dialogue qui correspond à chaque exemple de l'exercice 12.

1 _____ 2 _____ 3 _____

14 J'y vais à pied

Ecoutez le dialogue et remplissez les blancs. (Note: **la circulation** = traffic, **moins cher** = cheaper, **l'aéroport** (m) = airport.)

– Georges, tu (**a**)_____ aller en Ecosse la semaine prochaine?

– Oui, je vais (**b**)_____ vendredi soir.

– Tu y vas en (**c**)_____?

– Non, pas cette fois, c'est trop (**d**)_____. Je vais y aller en avion.

– En avion?

– Oui, c'est beaucoup moins cher le (**e**)_____ soir. Un aller-retour Londres-Edimbourg coûte (**f**)_____ euros. En plus le trajet ne dure qu'une heure. Pas mal, hein?

– C'est super. Tu vas à l'(**g**)_____ en voiture?

– Non, en train, c'est plus simple. Il y a toujours (**h**)_____ de circulation le vendredi soir.

en bus	en voiture	en taxi	à moto
à vélo	en avion	en bateau	à pied

Grammaire

Est-ce tu vas <u>à</u> Paris ce week-end?	Oui, j'<u>y</u> vais.
Comment est-ce qu'elle va <u>à</u> l'université?	Elle <u>y</u> va à pied.
Est-ce qu'elle va aller <u>à</u> Londres la semaine prochaine?	Oui, elle va <u>y</u> aller.
Comment vont-ils aller <u>au</u> cinéma?	Ils vont <u>y</u> aller à pied.

15 J'y vais à vélo

A deux, parlez des moyens de transport que vous utilisez tous les jours et répondez aux questions suivantes.

a Comment allez-vous à l'université tous les jours?

b Après une soirée au café, comment est-ce que vous rentrez chez vous?

c Comment est-ce que vous allez d'Angleterre en Irlande?

d Vous voulez aller en France. Comment est-ce que vous y allez?

16 Pendant les vacances …

Ecrivez un résumé de vos projets pour les vacances en français en utilisant les informations suivantes:

a Where you are going to go, with whom.

b Details of how you are going to get there.

c A few things that you are going to do.

17 J'aime les transports!

**Dans cette vidéo, Vlad décrit les moyens de transport qu'il utilise.
Regardez et complétez les phrases suivantes.**

Je **(a)**_____ souvent le **(b)**_____ parce que c'est pas
(c)_____ et que c'est très **(d)**_____. L'été, j'aime bien prendre le
(e)_____ parce qu'il fait beau. Et j'évite de prendre la **(f)**_____
parce que ça coûte **(g)**_____ et il y a beaucoup de **(h)**_____.

**Allez en ligne (he.palgrave.com/foundations) pour accéder à d'autres exercices sur
cette vidéo.**

18 La voiture est en panne!

**Voici une liste de problèmes possibles.
A deux, trouvez les équivalents
en anglais.**

La voiture est en panne. > The car has broken down.

a	Il y a une grève.	**1**	The train is cancelled.
b	Je n'ai plus d'essence.	**2**	I am late.
c	Mon vélo a un pneu crevé.	**3**	There is a strike.
d	Le train est annulé.	**4**	There is a lot of traffic.
e	Je suis en retard.	**5**	My bicycle has a flat tyre.
f	Il y a beaucoup de circulation.	**6**	I have run out of petrol.

> être en avance / être à l'heure / être en retard

19 Je suis en retard …

Mettez les phrases dans l'ordre et écoutez le dialogue pour vérifier la réponse.

a   Ce n'est pas possible!

b   Il est à la gare. Je vais le chercher demain.

c   Ah! Bonjour Yelena! Tu es en retard …

d   Il est où, ton vélo?

e   Parce qu'il y a une grève demain!

f   Pourquoi?

g   Oui, je suis désolée – mon vélo a un pneu crevé.

 1 Les annonces

Listen to some announcements that you might hear in a train station in France, and fill in the grid below with the relevant information (you will notice that not all the boxes need to be filled in!). (Note: **Le train 917 <u>en provenance de</u> Paris, <u>à destination de</u> Lyon** = Train 917 <u>from</u> Paris <u>to</u> Lyon; **la voie** = track.)

	train number	from	to	platform	track	delay
a		Nantes		2		
b			Marseille		8	
c	289					
d			Avignon			
e	472					
f		Mâcon				15 mins
g	591					

 2 Le métro

Read the travel information about the Paris **métro** below and answer the following questions in English.

> **Quatre kiosques d'information sont à votre disposition. Vous pouvez obtenir tous les documents d'information sur les lignes de bus et de métro. Vous pouvez également y acheter vos cartes d'abonnement et vos billets de transport.**
>
> **Renseignements:** Du lundi au vendredi: 8h30 à 12h.   Le samedi: 9h à 17h.
> **Horaires Métro:** Du lundi au samedi:
> Ligne 1   Premier métro: 5h12   Dernier métro: 0h12
> Ligne 2   Premier métro: 6h24   Dernier métro: 0h30
>
> *Notez bien!*
> *Un métro passe environ chaque minute aux heures d'affluence et toutes les 4 à 6 minutes aux heures creuses. La station est fermée le dimanche.*

a How many information desks are there?
b What different types of information can you get from these desks?
c What time are the desks open at the weekend?
d At what time does the last train leave on Line 1?
e How frequent are the trains during the rush hour?

Grammaire

Prepositions before countries and towns ▶(see page 153)

Names of countries can be feminine, masculine or plural. When talking about where you are or where you are going to go, the following prepositions are used:

Before feminine countries (the majority) and countries starting with a vowel: **en** (e.g. **Je vais en France. J'habite en Irak.**)

Before singular masculine countries: **au** (e.g. **Je pars au Portugal.**)

Before plural countries: **aux** (e.g. **Je vais aux Pays-Bas.**)

Remember before cities the preposition **à** is used. (e.g. **J'habite à Paris.**)

aller + infinitive verb ▶(see page 153)

One way to talk about the near future is to use the verb **aller** and to add the infinitive form of the verb describing what you are going to do. E.g. **Je vais prendre le train. / Tu vas aller où? / Nous allons partir en Ecosse. / Vous allez faire des courses?**

Note: You can also use the present tense to talk about the near future. E.g. **Demain, je prends le train**.

pouvoir , vouloir and il faut

pouvoir + infinitive (can/to be able)	**vouloir** + infinitive (to want/to wish)	**il faut** + infinitive (to have to)
je peux	je veux	'impersonal' verb
tu peux	tu veux	(only **il** form)
il/elle peut	il/elle veut	
nous pouvons	nous voulons	
vous pouvez	vous voulez	
ils/elles peuvent	ils/elles veulent	

The pronoun y ▶(see page 151)

The basic meaning of the pronoun **y** is 'there'. It replaces a word or an idea introduced by **à**. E.g.

Est-ce que tu vas à Montpellier?   **Oui, j'y vais.**
Are you going to Montpellier?   Yes, I'm going there.

Note: When using the immediate future, **y** changes place and comes before the infinitive verb.

Est-ce qu'elles vont aller à Lyon?   **Oui, elles vont y aller.**
Are they going to go to Lyon?   Yes, they are going to go there.

Exercices de grammaire

Prepositions before countries and towns

1   Indicate which preposition you would use before the following countries (using **aller** or **habiter**). E.g. **l'Allemagne** > *Je vais aller en Allemagne.*

a	le Nigéria	e	le Royaume-Uni	i	l'Irak	m	l'Irlande
b	les Antilles	f	la Chine	j	la Roumanie	n	l'Ouganda
c	la Belgique	g	le Danemark	k	l'Egypte	o	la Turquie
d	l'Ecosse	h	les Etats-Unis	l	le Pakistan	p	la Lituanie

aller + infinitive verb

2   Make up complete sentences out of the information below using **aller** + infinitive verb. E.g. **Je/aller/vacances/Italie** > *Je vais aller en vacances en Italie.*

a	Je/prendre/train/pour Milan	d	Elle/prendre le bateau/pour la Corse
b	Nous/prendre l'avion/pour Rome	e	Tu/visiter la ville/pour acheter/souvenirs?
c	Ils/partir/pour Naples	f	Vous/sortir/avec Pierre/ce soir?

pouvoir , vouloir and il faut

3   Complete the following sentences with **il faut** or the appropriate form of **pouvoir** or **vouloir**.

Ils (**a**)_____ voyager en première classe: c'est plus confortable.

Elle ne (**b**)_____ pas prendre l'avion: il y a une grève!

Dans les gares françaises, il (**c**)_____ composter son billet.

Vous (**d**)_____ de l'essence?

Il (**e**)_____ aller en France pour voir sa copine.

Nous ne (**f**)_____ pas partir à 23h00: le dernier train est à 22h35!

Il (**g**)_____ changer à Paris; il y a une correspondance à 11h34.

Elles (**h**)_____ réserver leur billet ici?

The pronoun y

4   Translate the following questions and answers. The word 'there' is not always needed in English but the French **y** is always included. It replaces a word introduced by **à**.

a   How are you getting to Bordeaux?
I am going there by car.

d   How do you get to work?
We get there on foot.

b   Are they going to France on Tuesday?
No, they are going on Monday.

e   Are you going to Paris by plane?
No, I'm going by Eurostar.

c   Does she go to the supermarket every day?
Yes, she goes there every day.

W   More grammar exercises are available on the companion website (**he.palgrave.com/foundations**).

Vocabulaire

Pays et régions / Countries and regions

l'Afrique du Sud (f)	South Africa
l'Allemagne (f)	Germany
l'Angleterre (f)	England
les Antilles (f)	West Indies
la Belgique	Belgium
la Chine	China
la Corse	Corsica
le Danemark	Denmark
l'Ecosse (f)	Scotland
l'Espagne (f)	Spain
l'Estonie (f)	Estonia
les Etats-Unis (m)	United States
la France	France
la Grèce	Greece
l'Irak (m)	Iraq
l'Irlande (f)	Ireland
l'Italie (f)	Italy
la Lettonie	Latvia
la Lituanie	Lithuania
le Nigéria	Nigeria
la Norvège	Norway
l'Ouganda (m)	Uganda
les Pays-Bas (m)	Netherlands
le pays de Galles	Wales
la Pologne	Poland
la République tchèque	Czech Republic
la Roumanie	Romania
la Suisse	Switzerland
la Turquie	Turkey
le nord	north
le sud	south

See the vocabulary list on pages 158–170 for more countries and for the nationalities to go with these.

Voyager en train / Travelling by train

le train	train
le TGV	high speed train
réserver	to book
la réservation	booking
prochain(e)	next
dernier/-ière	last
vers 1h	at around 1 p.m.
le billet	ticket
l'aller simple (m)	single ticket
l'aller-retour (m)	return ticket
en première classe	first class

en seconde classe	second class
circuler	to run (trains)
tous les jours	every day
sauf	except
le système de 24 heures	the 24-hour clock
les jours fériés/les fêtes	public holidays
la place	seat
le côté fenêtre	window seat
le côté couloir	aisle seat
changer	to change
la correspondance	connection
le quai	platform
composter	to validate
l'arrivée (f)	arrival
le départ	departure
l'horaire (m)	timetable
cher	expensive
jusqu'au	until
une chaise roulante	wheelchair
personnes handicapées	disabled people
direction	in the direction of
en provenance de	from
à destination de	to
le guichet	ticket office

Autres moyens de transport / Other means of transport

à pied	on foot
l'aéroport	airport
l'avion (m)	airplane
le bateau/ferry	boat/ferry
le bus	bus
le car/l'autocar (m)	coach
l'essence (f)	petrol
la moto	motorbike
le port	port
le RER (réseau express régional)	suburban Paris high-speed train
la roue	wheel
le taxi	taxi
le tram	tram
le vélo	bike
la voie piétonne	pedestrian route
la voiture	car
annulé	cancelled
la circulation	traffic
être en avance	to be early
être à l'heure	to be on time
être en retard	to be late
fermé	closed
la grève	strike

See page 172 for Additional unit vocabulary

Travail à deux

1 Arrivées et départs

Find out from your partner the missing information about arrivals in and departures from the Gare Montparnasse in Paris, and complete the grid below.

arrivées				départs			
provenance	train	heure	quai	destination	train	heure	quai
Rennes		08:05		Quimper	763		
Brest	644			Rennes		10:40	
Le Mans		12:46	3	Le Mans		11:15	6
Nantes	595		1	Brest	770		
Saint-Nazaire	904			Nantes		13:55	2
Poitiers		21:28		Saint-Nazaire	814		8
Tours			7	Bordeaux		17:12	
Limoges	319	23:05		Toulouse	558		2

2 Réservations

You are in Paris and would like to go to Nancy for the weekend. You intend to travel by train and need to make the necessary travel arrangements. Create a dialogue with a partner (the ticket assistant) using the information below.

> Two return tickets to Nancy.
> Second class.
> You would like to leave on Friday morning at around 11:00 and return on Sunday evening, leaving Paris at around 19:00. You would prefer a direct train.

Find out:

a From which station the train leaves.

b The train times – you may be given a choice of trains.

c Whether you need to reserve.

d The price.

Travail à deux

1 Arrivées et départs

Find out from your partner the missing information about arrivals in and departures from the Gare Montparnasse in Paris, and complete the grid below.

arrivées				départs			
provenance	train	heure	quai	destination	train	heure	quai
Rennes	259		7	Quimper		07:38	8
Brest		09:15	5	Rennes	438		4
Le Mans	622			Le Mans	251		
Nantes		13:32		Brest		13:30	4
Saint-Nazaire		16:50	3	Nantes	486		
Poitiers	230		9	Saint-Nazaire		14:12	
Tours	546	21:47		Bordeaux	671		6
Limoges			5	Toulouse		20:42	

2 Réservations

You work for the SNCF behind the ticket desk. A customer would like to make some travel arrangements. Create a dialogue with a partner (the customer) using the information below.

The customer will tell you what s/he requires. Remember to find out the destination, the type of ticket and the class.

> Les trains pour Nancy partent de Paris Gare de l'Est.
>
> **Vendredi**
> Paris Est 10:50   Nancy Ville 12:49 (direct)   Réservation obligatoire
> Paris Est 12:49   Nancy Ville 15:50 (direct)   Réservation obligatoire
>
> **Dimanche**
> Nancy Ville 18:53   Paris Est 22:07 (direct)   Réservation obligatoire
> Nancy Ville 19:25   Paris Est 22:20 (direct)   Réservation recommandée
>
> Aller simple 16 euros
> Aller-retour 33 euros

A l'hôtel

When you have completed this unit, you will be able to make a hotel booking, make complaints, understand holiday brochures and describe accommodation.

1 Hôtel Bellevue

Lisez les informations et dites si les phrases ci-dessous sont vraies ou fausses.
(Note: **haute saison** = high season, **basse saison** = low season.)

Hôtel Bellevue *12 Rue St-Jacques, Aix-en-Provence, 13100* ✦✦

Prix par chambre	Vue sur la place		Vue sur la mer	
	Haute saison	Basse saison	Haute saison	Basse saison
1 personne	53,50€	48,00€	64,00€	53,50€
2 personnes, 1 double	65,50€	59,00€	76,00€	65,50€
2 personnes, 2 simples	81,50€	71,00€	89,50€	81,50€
3 personnes, 1 double, 1 simple ou 3 lits simples	91,00€ à 103,00€	82,00€ à 93,00€		
Prix par personne, en chambre				
Demi-pension	65,00€	58,00€	75,00€	68,00€

Informations
Hôtel 20 chambres, 2 étoiles, nouvelles normes.
Toutes les chambres sont non fumeur.
Toutes les chambres avec bain ou douche et WC.
WiFi gratuit, pas de TV.
Réservations avec acompte, solde à l'arrivée.
Petit déjeuner (non compris): 8,50€.

Horaires
Restaurant: de 12h à 14h et de 19h à 22h.
Hôtel: arrivée de 14h à 22h, départ avant 11h.
L'hôtel et le restaurant sont ouverts toute l'année, sauf en janvier. Le restaurant est fermé le mardi.

a   A twin bedroom with sea view costs €65,50 in the low season.
b   A triple bedroom in high season costs a minimum of €91.
c   There is no triple bedroom with sea view.
d   A bedroom with half board, no sea view, costs €65 in low season.
e   All bedrooms are en suite.
f   You need to pay a deposit to book a room.
g   You need to vacate your bedroom before 10 a.m.
h   The hotel and the restaurant are open every day except in January.

2 Combien de nuits?

Ecoutez les 3 dialogues et remplissez les cases.

	chambres?	personnes?	nuits?	prix?
conversation 1				
conversation 2				
conversation 3				

3 Comment ça s'écrit?

Ecoutez l'alphabet et notez le nom des trois clients.

4 C'est complet!

Reliez les mots en français à leur équivalent en anglais.

a	étage (m)	1	full
b	clé (f)	2	bathroom
c	bagages (m)	3	lift
d	salle de bains (f)	4	floor
e	complet/-ète	5	key
f	ascenseur (m)	6	luggage

5 C'est à quel étage?

Reconstituez le dialogue: reliez les 2 parties de chaque phrase et remettez les phrases dans l'ordre. Ecoutez le dialogue pour vérifier vos réponses.

a	Voilà, ça fait	1	chambre avec salle de bains.
b	C'est à quel	2	cinquième étage.
c	Pour combien	3	Thomas.
d	Bonjour, je voudrais	4	la prends.
e	Au nom de	5	une chambre pour trois personnes.
f	C'est la chambre numéro 526 au	6	s'il vous plaît.
g	C'est très bien. Je	7	de nuits?
h	Je voudrais une	8	nom?
i	Voilà, une chambre avec un lit	9	150€.
j	Pour deux nuits,	10	double et un lit simple.

6 Il y a un problème …

a A deux, reliez les images et les commentaires.

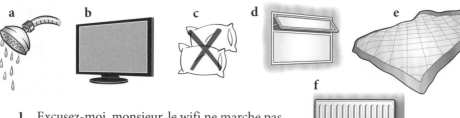

1 Excusez-moi, monsieur, le wifi ne marche pas.
2 Je pourrais avoir une couverture?
3 La fenêtre ne ferme pas bien.
4 Le chauffage ne marche pas.
5 Il n'y a pas assez d'oreillers dans la chambre.
6 La télévision ne marche pas.
7 Il y a un problème avec la douche dans notre chambre. Il n'y a pas d'eau chaude.

b   Ecoutez les 2 dialogues et notez les problèmes et les solutions en anglais. (Note: **un interrupteur/bouton** = switch; **appuyer** = to press; **une armoire** = wardrobe.)

7   Un week-end à l'hôtel

A deux, remettez les dessins dans l'ordre chronologique.

a   Il s'amuse

b   Il se plaint

c   Il se lève

d   Il s'habille

e   Il se promène

f   Il se réveille

g   Il se couche

h   Il ne se douche pas!

Grammaire

Reflexive verbs have an extra pronoun in front of them.

<u>se</u> **réveiller** (to wake up)	<u>se</u> **plaindre** (to complain)
je <u>me</u> réveille	je <u>me</u> plains
tu <u>te</u> réveilles	tu <u>te</u> plains
il/elle <u>se</u> réveille	il/elle <u>se</u> plaint
nous <u>nous</u> réveillons	nous <u>nous</u> plaignons
vous <u>vous</u> réveillez	vous <u>vous</u> plaignez
ils/elles <u>se</u> réveillent	ils/elles <u>se</u> plaignent

8   Un séjour à Paris

Suzanne est à Paris. Utilisez le vocabulaire pour décrire sa journée.

a   se lever/se laver/problème douche

b   aller réception/se plaindre

c   se promener/tour Eiffel/Notre-Dame

d   s'amuser beaucoup

e   rentrer/hôtel/se coucher tard

9 Nos services

Lisez les informations suivantes et avec votre partenaire traduisez les expressions soulignées. Vous pouvez consulter un dictionnaire.

Hôtel Les Mimosas

a Un réveil automatique est à votre disposition dans toutes les chambres.

b La piscine est ouverte de 8 heures à 21 heures et le sauna de 10 heures à 20 heures.

c L'hôtel accepte les cartes suivantes: Carte bleue, MasterCard, American Express.

d Les chèques de voyage et les devises peuvent être changés à la réception.

e Le parking est ouvert 24h/24.

f Le petit déjeuner est servi entre 7 heures et 9 heures.

g La télévision par satellite est disponible dans toutes les chambres et dans le bar.

h La direction n'est pas responsable des objets de valeur placés dans les chambres.

10 A vous de jouer!

A deux, pratiquez les situations suivantes.

1 Book two bedrooms with bathroom, one with single bed, one with double bed for two nights from 12 June until 14 June.

2 Complain at reception that your television set does not work and that you have not got any towels (**serviettes**) for the bathroom.

3 Ask for information about facilities in the hotel, e.g. car park, swimming pool.

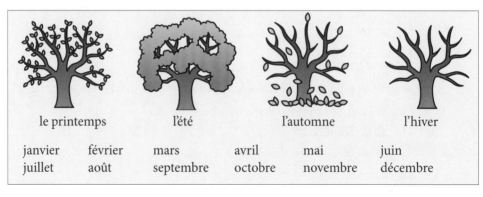

le printemps		l'été		l'automne		l'hiver
janvier	février	mars	avril	mai	juin
juillet	août	septembre	octobre	novembre	décembre

11 Louer un gîte en hiver

Lisez les informations et dites si les phrases ci-dessous sont vraies ou fausses.

Gîte La Marinière tarifs par semaine

basse saison	450€
vacances hiver	525€
mai/juin/septembre	545€
autres vacances scolaires	650€
haute saison	830€
2 nuits basse saison	330€
2 nuits mai/juin/septembre	400€
3 nuits basse saison	370€
3 nuits mai/juin/septembre	450€

a   Une semaine de location à Noël coûte 450€.

b   Une semaine pendant les vacances d'été coûte 830€.

c   Deux nuits en juin coûtent 400€.

d   Trois nuits en février coûtent 330€.

 12 Une maison à la campagne

Jean-Marc et Stéphanie comparent deux gîtes. La transcription ci-dessous n'est pas très logique: elle contient 7 erreurs. Ecoutez la conversation et corrigez les erreurs.

Jean-Marc	J'ai trouvé deux gîtes pas trop chers à Montignac, ils sont pas mal tous les deux.
Stéphanie	Quelle est la différence entre les deux?
Jean-Marc	Regarde. Tu vois, le premier est plus petit, il fait 60 m².
Stéphanie	Oui, mais l'autre est plus pittoresque, il est à la campagne.
Jean-Marc	Le deuxième est moins intéressant mais il est moins cher.
Stéphanie	Je préfère le deuxième, il y a une terrasse.
Jean-Marc	Je crois que le premier est aussi bien équipé.
Stéphanie	Pour la différence de prix, je trouve que le deuxième est moins avantageux.
Jean-Marc	Bon, d'accord, on le prend.

> Il est <u>plus petit</u>.   Il est <u>moins cher que</u> le deuxième.   Il est <u>aussi</u> beau.

13 Des pièces de la maison

a   Lisez la description d'un gîte en France et regardez le plan. Ecoutez le propriétaire décrire la maison et faites une liste de toutes les rénovations.

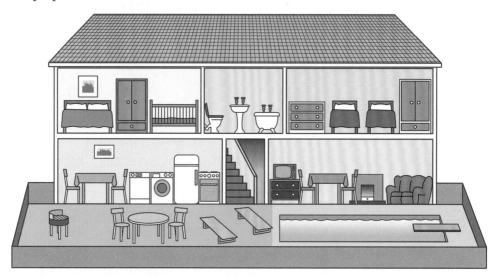

- Maison indépendante rénovée en 2014, située en campagne.
- Rez-de-chaussée: salle de séjour avec canapé-lit, cheminée, télévision.
- Cuisine avec lave-linge et lave-vaisselle, cuisinière, réfrigérateur.
- Première chambre: lit double, armoire et lit d'enfant.
- Deuxième chambre: deux lits, commode et armoire.
- Salle de bains: baignoire, lavabo et toilettes.
- Extérieur: piscine dans jardin clos, salon de jardin, relax, barbecue.

b   A deux, décrivez votre gîte idéal.

14 Deux séjours très différents

Dans cette vidéo, Judith se plaint d'un hôtel terrible et Joffrey parle d'un gîte incroyable! Regardez et notez 5 éléments négatifs de la chambre d'hôtel et 5 éléments positifs du gîte.

Allez en ligne (he.palgrave.com/foundations) pour accéder à d'autres exercices sur cette vidéo.

Découvrir ... les gîtes de France.

Allez en ligne (he.palgrave.com/foundations) pour en savoir plus.

Extra!

1 Votre choix d'hôtel

Read the descriptions of facilities in three hotels and decide which hotel would best suit your needs.

1 You want a quiet hotel by the sea.
2 You are looking for a peaceful holiday and walks in the country.
3 You are interested in wines and enjoy good food.
4 Your priority is being able to play tennis every day and go for a swim.
5 You want a small hotel. You do not mind being in the country as long as you can park your car safely.
6 You want to go between 6 November and 8 November.

Hôtel Beau site

Fermeture annuelle: du 5 novembre au 30 novembre
75 chambres de 65 € à 102 €
Petit déjeuner 12 € Menus: 42 €, 52 €

Dans un cadre de verdure, vous allez découvrir la nature environnante, promenade, étangs et centre équestre. Vous pouvez utiliser les équipements de l'hôtel quand vous voulez: piscine, sauna, ping-pong, jardin, etc. Le restaurant vous propose des spécialités régionales et une carte des vins exceptionnelle.

HÔTEL SAINT DENIS

Fermeture annuelle: du 3 janvier au 31 janvier
15 chambres de 70 € à 115 €   Petit déjeuner 10 €

Situé dans un site exceptionnel, l'hôtel Saint Denis propose ses chambres tout confort avec douche ou bain, téléphone, wc, vue sur la mer. Merveilleusement situé près de la rivière et de la forêt. Vue panoramique sur le golfe, entouré de montagnes. Le confort et le calme ensoleillé, des véritables vacances, piscine, tennis.

Hôtel-restaurant les Pinsons

Ouvert toute l'année   20 chambres de 60 € à 160 €
Petit déjeuner 9,50 € Menus 30 €, 35 € et 50 €

Près des volcans d'Auvergne, l'hôtel-restaurant les Pinsons propose dans un cadre calme des chambres confortables et ensoleillées, en face d'un bois. Son restaurant vous propose une cuisine diététique gourmande et régionale. Nos équipements sont nombreux: piscine, mini-golf, grand jardin, parking privé.

2 A la réception

Listen to two people at a hotel reception and note down in English their requirements and/or problems.

Reflexive verbs   ▶ (see page 152)

Reflexive verbs are used with an extra pronoun, e.g. <u>se</u> **laver**, <u>se</u> **promener**.
The pronoun changes with each person.

se laver	**se promener**
(to get washed/to wash oneself)	(to go for a walk)
je <u>me</u> lave	je <u>me</u> promène
tu <u>te</u> laves	tu <u>te</u> promènes
il <u>se</u> lave	il <u>se</u> promène
nous <u>nous</u> lavons	nous <u>nous</u> promenons
vous <u>vous</u> lavez	vous <u>vous</u> promenez
ils <u>se</u> lavent	ils <u>se</u> promènent

Reflexive verbs in a negative sentence

In a negative sentence, the reflexive pronouns (**me**, **te**, **se**, etc.) stay immediately in front of the verb and the two words to make the verb negative, **ne pas**, are placed before and after both of them. E.g. **Je ne <u>me</u> lave pas.**

Reflexive verbs with the near future

In the case of the near future (**aller** + infinitive, e.g. **Je vais manger** = I am going to eat), the reflexive pronoun is always placed in front of the verb in the infinitive. E.g. **Je vais <u>me</u> réveiller à 2 heures.** Note that in this case, the pronoun changes depending on the person, e.g. **se réveiller: Tu vas te réveiller à 2 heures.**

Note the negative form: **Je ne vais pas <u>me</u> laver.** The reflexive pronoun is placed before the the verb and after the negation **ne … pas.**

Comparatives (adjectives)   ▶ (see page 150)

To make a comparison, you can use **plus** (more), **moins** (less) or **aussi** (as) before the adjective in a sentence. E.g. **Cet hôtel est plus beau, il est moins grand et il est aussi cher que l'autre hôtel.**

When you want to compare two things you use **que** (than) to introduce the second element. E.g. **Mon appartement est <u>plus</u> beau <u>que</u> ta maison.**

il n'y a pas de …

When using **il y a** (there is/there are), e.g. **Il y a <u>une</u> piscine dans l'hôtel**, in a negative sentence, **un/une/des** becomes **de**. E.g. **Il n'y a pas <u>de</u> piscine dans l'hôtel.**

Exercices de grammaire

Reflexive verbs

1 Fill in the gaps in the text with the appropriate pronoun. (Note: **se baigner** = to swim/
bathe, **se fatiguer** = to get tired, **se coucher** = to go to bed.)

En vacances, je **(a)**_____ lève à dix heures du matin. Je **(b)**_____ lave avant
de prendre mon petit déjeuner. Je vais à la piscine avec mon frère et nous **(c)**_____
baignons pendant une heure. Ensuite nous **(d)**_____ promenons près de la plage.
En général, nous **(e)**_____ amusons bien. Ici le soleil **(f)**_____ couche tard
et les gens **(g)**_____ promènent jusqu'à minuit! Mon frère **(h)**_____ fatigue
rapidement alors nous rentrons tôt à l'hôtel et nous **(i)**_____ couchons tout de suite.

2 Put the words in the following sentences in the appropriate order.

a   nous / réveillons / ne / pas / avant /
    nous / dix heures.

b   aujourd'hui / lèves / tôt / tu / te!

c   ne / vous / habillez / pas / vous?

d   promènent / se / elles / dans / le jardin.

e   ne / elle / se / pas / douche / tous / les /
    matins.

f   tôt / je / vais / réveiller / me / demain.

Comparatives

3 You have been looking at two houses in a holiday brochure and have made a few notes.
Using the grid below, compare the two houses and write your answer in a full sentence.
(Note: + indicates **plus**, – indicates **moins**, = indicates **aussi**.)

	maison 1	maison 2
E.g. **petit salon**	=	=

Dans la première maison, le salon est aussi petit que dans la deuxième maison.

		maison 1	maison 2
a	salon agréable		+
b	cuisine pratique	–	
c	salle de bains moderne	=	=
d	jardin tranquille	+	
e	garage spacieux		–
f	grandes chambres		+

il n'y a pas de …

4 Fill in the gaps.

Dans ma maison, il y a **(a)**_____ petite chambre mais il n'y a pas **(b)**_____
salon. Dans la cuisine il y a **(c)**_____ grande table. Dans le bureau de mon frère il
n'y a pas **(d)**_____ table. A l'extérieur, il n'y a pas **(e)**_____ jardin mais il y a
(f)_____ piscine.

W More grammar exercises are available online (he.palgrave.com/foundations).

Vocabulaire

L'hôtel — Hotels

l'acompte (m)	deposit
l'armoire (f)	wardrobe
l'ascenseur (m)	lift
à votre disposition	available
les bagages (m pl)	luggage
le bain	bath
la carte	card
cassé(e)	broken
la chambre	bedroom
le chauffage	heating
le chèque de voyage	traveller's cheque
la clé	key
commander	to order
complet/-ète	full
la couverture	blanket
la demi-pension	half-board
la devise	currency
la direction	management
la douche	shower
l'eau (f) chaude	hot water
l'étage (m)	floor
la fenêtre	window
l'interrupteur (m)	switch
le lit (double/simple)	(double/single) bed
la nuit	night
les objets (pl) de valeur	valuables
l'oreiller (m)	pillow
la piscine	swimming pool
le parking	car park
la réservation	booking
le réveil automatique	early morning call
la salle de bains	bathroom
la serviette	towel
le solde	balance (to pay)
le téléphone	telephone
la télévision par satellite	satellite television
la veille	the day before
vue sur la mer	sea view
le wifi	wifi

Verbes pronominaux — Reflexive verbs

s'amuser	to have fun
se baigner	to bathe, swim
se coucher	to go to bed
se doucher	to shower
se fatiguer	to get tired
s'habiller	to get dressed
se laver	to get washed
se lever	to get up
se plaindre	to complain
se promener	to go for a walk
se réveiller	to wake up

Mois et saisons — Months and seasons

la haute saison	high season
la basse saison	low season
l'automne (m)	autumn
l'été (m)	summer
l'hiver (m)	winter
le printemps	spring
janvier	January
février	February
mars	March
avril	April
mai	May
juin	June
juillet	July
août	August
septembre	September
octobre	October
novembre	November
décembre	December
les vacances scolaires (f pl)	school holidays
Noël	Christmas

La maison — Home

la baignoire	bath
beau/belle	beautiful
la campagne	countryside
le canapé-lit	sofa bed
la cheminée	fireplace
la commode	chest of drawers
la cuisine	kitchen
la cuisinière	cooker
la fermeture annuelle	annual closure
le garage	garage
le gîte	holiday cottage
idéal(e)	ideal
intéressant(e)	interesting
le jardin	garden
le lavabo	washbasin
le lave-linge	washing machine
le lave-vaisselle	dishwasher
petit(e)	small
plus/moins/aussi	more/less/as
le réfrigérateur	fridge
le relax	garden lounger
le rez-de-chaussée	ground floor
la salle de séjour	living room
le salon de jardin	garden table and chairs
les toilettes	toilet

Travail à deux

1 Une réservation

You are booking a hotel room for your family. Create a dialogue with your partner using the prompts below. You begin.

– Say that you would like to book a room for two people and a baby (**un bébé**).
– Say that you want it for two nights.
– Explain that you would like a room with a double bed and a cot (**un lit d'enfant**) and ask if there is a room with a bathroom.
– Ask how much it is.
– Say that you'll take it.
– Spell your name and ask if there is a car park in the hotel.
– Repeat the instructions to check that you have understood.
– Ask if breakfast is served in your room and at what time.
– Say thank you.

2 Se plaindre

The owner of the **gîte** where you are staying on holiday has just popped in to see if all is well. Unfortunately, you have had a few problems. Tell him/her about them using the list below and listen to his/her excuses.
(Note: **une erreur** = mistake, **brancher** = to plug in, **changer** = to change, **désolé(e)** = sorry.)

a   The swimming pool is smaller than the swimming pool in the brochure!

b   The television does not work.

c   The heating does not work and there are no blankets in the bedrooms!

d   The window in the kitchen does not close.

e   You would like to change **gîte**.

Nice, France

Travail à deux

1 Une réservation

You are the hotel receptionist and a client is making a booking. Use the prompts below to create a dialogue with your partner. Your partner will begin.

– Ask for how many nights.
– Ask if they want double or single beds. (cot = **un lit d'enfant**)
– Say that you have a room with shower.
– Say that it costs €80 per night.
– Ask what name the booking is under.
– Say that the car park is on the left behind the hotel.
– Explain that breakfast is served in the restaurant between 8 a.m. and 10 a.m.
– Finish the conversation by saying 'you are welcome'.

2 Se plaindre

You are the owner of a **gîte**. You have just popped in to see if your new tenants are happy. Unfortunately, they have had a few problems. Listen to their complaints and use the following instructions to reassure them.
(Note: **une erreur** = mistake; **brancher** = to plug in; **changer** = to change; **désolé(e)** = sorry; **réservé** = booked.)

Start by apologising.

a There is a mistake in the brochure.

b You need to plug in the television.

c The blankets are in the wardrobe in the third bedroom on the second floor. There is no heating in the **gîte** in the summer.

d Explain that you are going to look at the window.

e Sorry, it is not possible. All the **gîtes** are booked.

Un gîte

Sortir ensemble

When you have completed this unit, you will be able to get through to someone on the telephone, arrange to meet someone, describe physical appearances and order a meal.

1 Appeler au téléphone

Ecoutez les conversations téléphoniques, puis reliez les expressions anglaises avec leur équivalent français.

A
– Oui, allô.
– Je voudrais parler à Hussain, s'il vous plaît.
– Oui, c'est moi.
– Bonjour, c'est Itesh de l'université …

B
– Allô.
– Je pourrais parler à Janella, s'il vous plaît?
– Oui, ne quittez pas, je vous la passe.

Allô?

C
– Allô, Billy.
– Salut, Lucie.
– Je peux te rappeler plus tard? Je suis occupée.
– Oui, d'accord, à plus tard.

D
– Allô.
– Pourrais-je parler à Ingrid, s'il vous plaît?
– Désolée, elle n'est pas là. Vous voulez lui laisser un message?
– Non, je vais rappeler plus tard.

a	Could I speak to …?	**1**	C'est moi.
b	He isn't here.	**2**	Vous voulez lui laisser un message?
c	I would like to speak to …	**3**	Pourrais-je parler à …?
d	Hold on.	**4**	Je suis occupé(e).
e	I'll pass you over to her.	**5**	Je peux te rappeler?
f	I'll call back later.	**6**	Je vais rappeler plus tard.
g	Would you like to leave her a message?	**7**	Ne quittez pas.
h	Could I call you back?	**8**	Je vous la passe.
i	Speaking.	**9**	Je voudrais parler à …
j	I'm busy.	**10**	Il n'est pas là.

> Puis-je parler à …? / Je pourrais parler à …? / Pourrais-je parler à …?
> à l'appareil   C'est de la part de qui?

2 Contacter quelqu'un

Ecoutez deux conversations téléphoniques et complétez les dialogues.

1 – Allô, oui.
   – Salut Amélie, c'est Pablo.
   – Ah non, ce n'est pas Amélie, c'est Isabelle!
   – Oh pardon, je **(a)**_____?
   – Elle n'est pas là.
   – Je **(b)**_____ un message?
   – Bien sûr.

2 – Allô.
   – **(a)**_____ parler à Etienne Lebœuf, s'il vous plaît? C'est son frère, Pierre.
   – Je suis désolé, il **(b)**_____.
   – Ah bon, il **(c)**_____ rappeler?
   – Oui bien sûr, je vais lui laisser **(d)**_____.
   – Merci, au revoir.
   – Au revoir.

Grammaire

Vous voulez parler <u>à Pablo</u>?	Oui, je voudrais <u>lui parler</u>.
Vous voulez laisser un message <u>à Pierre et Isabelle</u>?	Oui, je voudrais <u>leur laisser</u> un message.

3 Organiser une sortie

Ecoutez une conversation entre deux amies qui organisent leur soirée, puis répondez aux questions ci-dessous.

a What does Sandrine suggest doing?
b What is her plan?
c How are they going to get in touch with Raphaël and Pierre?
d What arrangements are made? Give three details.

ça te dit/dirait de …?	j'ai besoin de	j'ai envie de
on pourrait aller	on se retrouve	on se voit

4 A vous de jouer!

A deux, organisez une soirée. Essayez d'utiliser les structures ci-dessus.

5 Première rencontre

Trouvez la signification des descriptions ci-dessous. Vous pouvez consulter un dictionnaire.

a
Il est grand et pas très gros
et il a les cheveux
bruns et courts.
Il a les yeux marron
et il porte des lunettes.
Il a une barbe
et une moustache.

b
Elle est petite et mince et
elle a les cheveux
blonds et longs.
Elle a les yeux bleus
et des taches de
rousseur. Elle ne porte pas
de boucles d'oreilles.

6 Il est comment?

Sandrine va rencontrer Raphaël et Pierre mais elle ne les connaît pas. Elle téléphone à Agnès pour avoir une description. Ecoutez leur conversation et notez le plus de détails possible sur les deux hommes.

7 Tu le connais?

Ecoutez et complétez le dialogue entre deux étudiants.

Audrey   Salut Laurent, ça va?
Laurent   Ah, salut Audrey, ça va bien merci. Et toi?
Audrey   Bien, bien aussi. Tu **(a)**_____ un café?
Laurent   Euh … j'ai un **(b)**_____ de maths à dix heures.
Audrey   Oh, ça va, il est dix heures moins le **(c)**_____. Tu as **(d)**_____ un
          quart d'heure. C'est qui ton prof de maths?
Laurent   Fabien Lecomte. Tu le **(e)**_____?
Audrey   Non, je ne crois pas. Il est **(f)**_____?
Laurent   Euh … il est **(g)**_____ et il a les **(h)**_____ noirs et **(i)**_____.
          Il a une **(j)**_____ aussi.
Audrey   Et ses **(k)**_____?
Laurent   Alors ça, je ne sais pas!

8 Il a de beaux yeux!

Travaillez en groupes de trois ou quatre. D'abord, écrivez chacun la description d'une personne dans votre groupe. Puis, échangez vos notes et à tour de rôle lisez-les à voix haute. Devinez à qui correspond la description.

9 Qu'est-ce que tu prends?

a Regardez le menu, puis écoutez et notez
  en anglais ce que les clients commandent.

b Notez comment on dit "dish of the day".

> comme entrée/plat principal/dessert
> un steak saignant/à point/bien cuit
> Qu'est-ce que c'est, le plat du jour?

Formule
« express »
18,00€

Entrée du jour *ou*
12 escargots *ou*
Assiette de crudités

Plat du jour *ou*
Plat végétarien *ou*
Truite aux amandes

Fromage *ou*
Corbeille de fruits *ou*
Coupe glacée (3 boules)

Dans un petit restaurant

10 Un bon menu

Regardez Anne décrire un menu et notez
ce qu'elle commande. Allez en ligne pour
voir le menu et vérifiez vos réponses.
Essayez l'autre exercice en ligne
(he.palgrave.com/foundations).

11 Le steak est délicieux

Ecoutez un dialogue dans un restaurant et dites si les phrases ci-dessous sont vraies ou fausses. (Note: **surtout** = especially; **copieux** = filling.)

a Le steak est délicieux, surtout la sauce.
b Joseph pense que la sauce est bonne.
c Le plat végétarien n'est pas très bon.
d Le plat végétarien est trop copieux.
e Sophie veut commander encore du vin.
f Joseph commande de l'eau minérale.

j'ai faim   j'ai soif

Une assiette de fromage et charcuterie

Grammaire

J'**en** prends deux.   Tu **en** veux?   Il n'y **en** a plus.

12 Avec crème?

Lisez la transcription suivante, puis écoutez et corrigez les erreurs. (Il y en a sept!)

– Monsieur, je peux commander, s'il vous plaît?
– Oui, madame. Qu'est-ce que vous prenez?
– Comme entrée je vais prendre la salade verte et comme plat principal je prends le steak-frites.
– Et votre steak, vous le voulez comment?
– A point, s'il vous plaît.
– Et comme dessert?
– Le gâteau.
– Avec crème?
– Sans crème, s'il vous plaît. Je suis allergique à la crème.
– Très bien, je vais le noter. Et comme boisson?
– Je prends un verre de vin blanc et une bouteille d'eau minérale, s'il vous plaît.
– Et un café?
– Oui, je voudrais bien un café avec mon dessert, s'il vous plaît.

Je suis allergique à la crème.

Découvrir ... le végétarisme en France.

Allez en ligne (he.palgrave.com/foundations) **pour en savoir plus.**

13 Je ne prends pas de dessert

Reliez les phrases suivantes avec leur équivalent anglais.

a   Qu'est-ce que c'est, le plat du jour?

b   Pourrais-je avoir le steak saignant?

c   On prend encore une bouteille?

d   J'en prends deux.

e   Je ne prends pas de dessert.

f   Tu as faim?

g   Vous en voulez?

h   Il n'y en a plus.

1   I'll take two.

2   There isn't any left.

3   What is the 'dish of the day'?

4   Shall we have another bottle?

5   Could I have my steak rare?

6   Would you like some?

7   I'm not going to have dessert.

8   Are you hungry?

14 A vous de jouer!

Lisez le menu ci-dessous et avec votre partenaire commandez un repas (entrée et plat, ou plat et dessert, avec une boisson). N'oubliez pas de changer de rôle!

Moules marinières

1 Laissez un message, s'il vous plaît

Ecoutez le message sur le répondeur, puis en anglais notez les informations suivantes.

a Who is calling and who the message is being left for.

b The time, venue and location where they will meet.

c Details of the plans for the evening.

2 Quoi de neuf?

Lisez l'e-mail suivant et répondez aux questions ci-dessous. (Note: **ensemble** = together; **se faire bronzer** = to sunbathe.)

A: maelle1996@yahoo.fr
Objet: Salut toi!

Maëlle,

Merci pour ton e-mail … J'espère que tout va bien et que tu es en forme.

Alors … quoi de neuf? Moi, j'ai un nouveau copain! Il s'appelle Ridvan et il a vingt-huit ans. Il est étudiant mais on travaille ensemble au supermarché le samedi. Je le connais depuis quelques mois mais on sort ensemble depuis deux semaines. Je le trouve très sympa et beau aussi! Il est assez grand, je crois qu'il fait un mètre quatre-vingts. Je suis contente parce que je suis grande aussi! Il a les cheveux noirs et bouclés et les yeux bleus. Il est très sportif, il joue au tennis au moins trois fois par semaine. Comme tu le sais, je ne fais pas trop de sport, mais je vais peut-être commencer!! Si tout va bien, on va partir en vacances ensemble cet été. On voudrait faire du camping dans le sud-ouest de la France. Ridvan veut faire de la planche à voile, mais moi, je vais me faire bronzer!

A bientôt j'espère.

Gros bisous
Mélodie

---

a What news does Mélodie have to tell Maëlle?

b Give a physical description of Ridvan. Include at least three points.

c How long have they been together?

d Where are they planning to go for the summer holidays?

e What is each of them planning to do on holiday?

The use of the conditional to be more polite

The conditional form of **je peux (je pourrais)** and **je veux (je voudrais)** denotes the meaning 'could/would' and is used to be more polite.

Je <u>veux/peux</u> parler à … > Je <u>voudrais/pourrais</u> parler à …
Il <u>peut</u> me rappeler? > Il <u>pourrait</u> me rappeler?
Vous <u>pouvez</u> lui laisser un message? > Vous <u>pourriez</u> lui laisser un message?

Object pronouns lui and leur ▶(see page 151)

The object pronoun **lui** is used to denote both 'to him' and 'to her'. It is used to replace the person who is being referred to and is a generic term for both male and female. It is used when verbs are followed by the preposition à, e.g. **dire, parler, téléphoner, laisser, donner.**

– Tu téléphones <u>à Jessica</u>?   – Oui, je <u>lui</u> téléphone.
– Il va téléphoner <u>à Léa</u>?   – Oui, il va <u>lui</u> téléphoner.

Leur is the plural object pronoun and is used to denote 'to them'. It is a generic term used for both male and female.

– Elle parle <u>à Sophie et Marion</u>?   – Oui, elle <u>leur</u> parle.

Notice that **lui** and **leur** go in front of the verb in the infinitive when used with the near future tense.

– Vous allez laisser un message <u>à Pierre et Lisa</u>?   – Oui, je vais <u>leur</u> laisser un message.

The use of on

On is commonly used in conversation to say 'we', replacing the first person plural **nous**. It is conjugated as the third person singular, i.e. the same form as for **il** and **elle**.

<u>Nous</u> pouvons aller au café. > <u>On</u> peut aller au café.
<u>Nous</u> allons au cinéma? > <u>On</u> va au cinéma?

The use of en ▶(see page 151)

En is another pronoun, used to replace a noun when a quantity is mentioned.

– Vous avez <u>des</u> enfants?   – Oui, j'<u>en</u> ai trois.
   (but: – Vous aimez les enfants? – Oui, je les aime.)
– Tu veux du pain?   – Oui, j'<u>en</u> veux.
– Il n'y a plus de vin.   – On <u>en</u> prend encore.
– Vous allez prendre des pommes?   – Oui, je vais <u>en</u> prendre trois.
– Je voudrais une cigarette.   – Désolé, il n'y <u>en</u> a plus.

Exercices de grammaire

The use of the conditional to be more polite

1   Make the following requests/suggestions more polite.

E.g. **Je peux parler à Agathe?** > *Je pourrais parler à Agathe, s'il vous plaît?*

a   Je veux parler à Coralie.

b   On peut aller au cinéma.

c   Elle veut un apéritif?

d   Il peut venir à la fin de cette·semaine.

e   Je peux utiliser le téléphone?

Object pronouns lui and leur

2   Insert the object pronoun **lui** or **leur** into the following sentences to replace the nouns that are underlined.

E.g. **Vous parlez <u>à Annie.</u>** > *Vous lui parlez.*

a   Tu vas téléphoner <u>à ta mère</u>.

b   Ils vont parler <u>à Jacques et Emma</u>?

c   Elle va dire quelque chose <u>à Mélanie</u>.

d   Vous donnez de l'argent <u>à Maxime</u>?

e   Elles vont donner des bonbons <u>aux enfants</u>?

The use of on

3   Make the following text more informal using **on** instead of **nous**. Remember to change the form of the verb.

> Le week-end nous aimons sortir. Souvent nous allons au restaurant parce que nous adorons la cuisine française. Après nous allons au cinéma ou en boîte ou bien nous rentrons à la maison pour regarder la télévision. Le dimanche matin nous faisons du sport, nous jouons au tennis ou au ping-pong.

The use of en

4   Answer the following questions using the pronoun **en**, and using the (✓) or (✗) signs as indicators.

E.g. **Il y a du café?** (✓) > *Oui, il y en a.*

a   Vous prenez un dessert? (✓)

b   Ils ont des enfants? (✗)

c   Elle a des amis français? (✓)

d   Tu veux du chocolat? (✗)

e   Il mange de la viande? (✓)

f   Il y a du vin? (✗)

W   More grammar exercises available online (**he.palgrave.com/foundations**).

Vocabulaire

Parler à quelqu'un au téléphone　**Getting through to someone on the telephone**

Je voudrais parler à …	I'd like to speak to …
Puis/Pourrais-je …	Can/Could I …
Pourrais-je parler à …?	Could I speak to …?
Etienne est là?	Is Etienne there?
C'est moi.	Speaking.
Ne quittez pas.	Hold on.
Je vous le/la passe.	I'll pass you over.
Désolé, il/elle n'est pas là.	Sorry, s/he isn't here.
Pourrais-je lui laisser un message?	Could you leave him/her a message?
Je vais rappeler plus tard.	I'll ring back later.
Il/Elle pourrait me rappeler?	Could s/he ring me back?
Je vais le lui dire.	I'll tell him/her.
à l'appareil	on the phone
C'est de la part de qui?	Who is calling?

Sortir　**Making arrangements to go out**

Ça te dit/dirait de …?	Would you like to/Do you fancy …?
J'ai envie de …	I'd really like to/I fancy …
J'ai besoin de …	I need to …
On se retrouve à …	Let's meet at …
On peut …/On pourrait …	We can …/We could …
On se voit à …	See you at …

Un petit café parisien

Décrire une personne　**Describing someone**

les cheveux: noirs/bruns/blonds/roux/longs/ courts/bouclés	black/brown/blond/red/long/short/curly hair
les yeux: verts/bleus/marron	green/blue/brown eyes
des taches (f) de rousseur	freckles
la moustache/la barbe	moustache/beard
des lunettes/des boucles d'oreilles	glasses/earrings
grand(e)/petit(e)/mince/gros(se)	tall/short/slim/fat

Sortir au restaurant　**Eating out**

la formule/le menu/la carte	set menu/menu
comme entrée/plat principal/dessert	for starter/main course/dessert
commander	to order
l'entrée/le plat du jour	starter/dish of the day
la viande/le poulet/l'agneau (m)	meat/chicken/lamb
le poisson/la truite/le saumon/ les moules	fish/trout/salmon/mussels
végétarien(ne)	vegetarian
le (fromage de) chèvre	goat's cheese
les noix (f)/les champignons (m)/les crudités (m)	walnuts/mushrooms/raw vegetables
la crème catalane	cold custard dessert
le café gourmand	coffee with bite size desserts
une (boule de) glace à la vanille/au chocolat	a (scoop of) vanilla/chocolate ice cream
saignant/à point/bien cuit	rare/medium/well done (steak)
le choix	selection/choice
Qu'est-ce que c'est?	What is it?
je suis allergique à …	I am allergic to …
l'addition (f)	the bill

See page 172 for Additional unit vocabulary

Travail à deux

1 On sort ce soir?

You are trying to arrange a night out. Phone a friend and use the following information in the dialogue. Your friend will speak first.

– Say hello and ask to speak to X. Introduce yourself.
– Ask how s/he is.
– Ask if s/he wants to go out at the weekend.
– Ask if s/he is free on Saturday evening.
– Suggest meeting outside the station at 7:30 p.m.
– Finish the conversation appropriately.

2 Au restaurant

Use the information below to order a meal in a restaurant. Your partner is the waiter/waitress and will start the conversation.

– Ask for the menu.
– When asked, order a starter. Find out if there is a dish of the day.
– Say OK. Choose the steak.
– Say that you will have the pepper sauce.
– Say you would like the steak well done.
– Order a glass of red wine.
– (Finish your main course.) Order a chocolate mousse.
– When asked, you would like a coffee after your dessert.

Ce vin est bon!

Travail à deux

1 On sort ce soir?

You receive a phone call. Use the following information in the dialogue. You start.

– The phone rings. Say hello.
– It is a friend. Greet him/her.
– Say you are fine.
– S/he suggests a night out. Say it is a good idea and that you would like to see a film.
– Say you are free on Saturday evening. Ask what time and where.
– Confirm the time and place.
– Finish the conversation appropriately.

2 Au restaurant

You are a restaurant waiter. Use the information below to create a dialogue with your partner who is the customer. You start the dialogue.

– Say good evening to the customer.
– Ask which starter the customer would like.
– Say that there is no dish of the day.
– Ask which sauce the customer would like: mustard, pepper or roquefort cheese.
– Find out how the customer would like the steak cooked.
– Ask if s/he would like some wine.
– (The customer finishes the main course.) Ask if s/he would like a dessert.
– Ask if s/he would like coffee with the dessert.

De la mousse au chocolat

Vacances et loisirs

When you have completed this unit, you will be able to: talk about what you did at the weekend, explain why you are late, discuss your holidays, and describe places and the weather.

1 Tu as passé un bon week-end?

a Ecoutez la conversation et dites (en anglais) pourquoi Sylvia a passé un excellent week-end, et Janika un mauvais week-end. (Note: **sympa** = nice, friendly; **le portefeuille** = wallet.)

b Lisez le dialogue et soulignez les 16 verbes au passé composé (perfect tense).

Janika   Tu <u>as passé</u> un bon week-end?

Sylvia   Oui, super! Samedi soir, j'ai vu Pierre; on a mangé dans un restaurant sympa et on a dansé toute la nuit. Dimanche, j'ai dormi tard, j'ai pris un bain et j'ai lu un bon livre: un week-end très relaxant, quoi!

Janika   Ah oui, c'est sympa!

Sylvia   Et toi, qu'est-ce que tu as fait?

Janika   Oh, moi … Samedi j'ai fait des courses, mais j'ai perdu mon portefeuille, j'ai dû aller à la police …

Sylvia   Non! Est-ce qu'ils l'ont retrouvé?

Janika   Non, malheureusement … Et dimanche, j'ai passé la journée chez mes parents; ils ont acheté une nouvelle voiture et …

Sylvia   Vous avez fait un tour à la campagne?

Janika   Non, ils ont préféré rester à la maison; nous avons regardé la télévision, c'est tout.

Sylvia   Ah bon.

c A deux, retrouvez l'infinitif des verbes que vous avez soulignés.
(Ex: as passé > *passer*)

Grammaire

Passé composé (perfect tense) **avec "avoir"**

			Regular verbs:		Irregular verbs:	
j'	ai	passé	pass<u>er</u>>	passé	faire >	fait
tu	as	passé	dorm<u>ir</u> >	dorm<u>i</u>	prendre >	pr<u>is</u>
il/elle/on	a	passé	perd<u>re</u>>	perd<u>u</u>	lire >	l<u>u</u>
nous	avons	passé			voir >	v<u>u</u>
vous	avez	passé			devoir >	d<u>û</u>
ils/elles	ont	passé				

2 Un week-end culturel

a **Ecoutez la conversation et répondez aux questions en anglais.** (Note: **plein de** = lots of; **épicé(e)** = spicy, hot.)

1 With whom did Elise spend the weekend?
2 What kind of 'cultural things' did they do together?
3 Why didn't Jean-Marc play tennis on Saturday?
4 Why did he sleep all day on Sunday?

b **Ecoutez la conversation encore une fois et complétez le résumé.**

Elise   J'(**a**)_____ plein de choses avec ma copine anglaise; on (**b**)_____ des musées, on (**c**)_____ une pièce de théâtre et un film.

Jean-Marc   J'(**d**)_____ ma dissertation samedi. Le soir, on (**e**)_____ des amis à dîner. Ma copine Isabelle (**f**)_____ un plat indien très épicé. On (**g**)_____ plein de bière et on (**h**)_____ toute la journée dimanche.

Grammaire

– Tu <u>as joué</u> au tennis?   – Non, je **n'ai pas** <u>joué</u> au tennis.
– Tu <u>as pris</u> un bain?   – Non, je **n'ai pas** <u>pris</u> de bain.

3 La copine anglaise

Ecrivez le résumé ci-dessus à la 3ème personne. (Ex: *Elise a fait plein de choses avec sa copine anglaise; elles ont visité* ...)

4 Qu'est-ce que tu as fait?

A deux, posez-vous des questions sur vos activités du week-end dernier.
(Ex: – **Tu as mangé au restaurant? – Oui, j'ai mangé au restaurant. / Non, je n'ai pas mangé au restaurant.**)

a manger au restaurant
b danser
c regarder la télé
d travailler

e faire des courses
f faire du sport
g voir une pièce de théâtre ou un film
h lire un livre

5 Désolé, je suis en retard …

Ecoutez 5 personnes qui sont en retard. Trouvez l'excuse de chaque personne dans la liste ci-dessous.

a   Problem with car.
b   Bus was late.
c   Lost track of time.
d   Lost the address.
e   Unfinished work.

> Qu'est-ce qui s'est passé?
> Pardon / Je suis désolé(e),   j'ai perdu …
> j'ai eu un problème avec …
> je n'ai pas fini …
> je n'ai pas vu …
> j'ai dû retourner …
> Ce n'est pas grave. / Ça ne fait rien.

6 Qu'est-ce qui s'est passé?

a   Remettez les phrases dans l'ordre pour faire un dialogue. (Note: **je n'ai pas pu** = I couldn't; **les flics** = police (coll.).)

> *La police sur les lieux de l'accident*

a   Ah bon! C'est grave?
b   Je suis vraiment désolé, je n'ai pas pu venir hier soir parce que j'ai eu plein de problèmes!
c   Allô?
d   Ah, Daniel! Eh bien, qu'est-ce qui s'est passé, mon vieux?
e   Eh bien, j'ai pris la voiture de mes parents et … j'ai eu un accident.
f   Oh, la voiture … mon père est furieux!
g   Non, mais j'ai dû aller chez les flics; j'ai oublié de te téléphoner, excuse-moi!
h   Ah bon, qu'est-ce qui s'est passé?
i   Salut Luc, c'est Daniel.
j   Je comprends … et la voiture?

b   Ecoutez le dialogue pour vérifier vos réponses.

7 J'ai eu un problème

Ecoutez le dialogue et notez toutes les excuses données.

8 Quelle excuse!

Traduisez en français les phrases suivantes.

a I couldn't come to the party (**la soirée**); **b** because I met (**rencontrer**) a friend in the street; **c** he suggested (**proposer de**) going to the pub; **d** we had a lot to drink; **e** I lost track of time; **f** I missed (**rater**) the last bus.

9 Des vacances au soleil

Clémentine et Vlad racontent leurs vacances. Regardez les vidéos et dites si les phrases ci-dessous sont vraies ou fausses. (Note: **boîte de nuit** = nightclub; **bronzer** = to sunbathe; **un coup de soleil** = sunburn; **une randonnée** = (long) walk, trek; **la plage** = beach; **le temps** = weather.)

a Clémentine went on holiday with her boyfriend.
b The weather was very hot.
c They rented a flat.
d They ate pizza.
e They did a lot of swimming.

Un plat typique

f Vlad went on holiday with his girlfriend.
g The weather was not so nice.
h They rented a house.
i They ate spicy food.
j They did a lot of walking and hiking.

Une plage thaïlandaise

D'autres exercices en ligne: **he.palgrave.com/foundations**

Grammaire

je suis allé   je suis allée

10 Tu es déjà allé(e) à Paris?

A deux, parlez des villes où vous êtes allé(e)s et décrivez-les. Vous pouvez utiliser les adjectifs suivants.

super, cool, sympa	nul(le)
moderne	ancienne
animé(e)	calme, tranquille
propre	sale, pollué(e)
beau/belle, très joli(e)	
pittoresque	

Découvrir ... les vacances des Français.
Allez en ligne (he.palgrave.com/foundations) pour en savoir plus.

11 Et toi, tu es parti?

Ecoutez la conversation et complétez le dialogue.
(Note: **pas vraiment** = not really;
rentrer = to go/come back home.)

– Tu es parti, pendant les (**a**)_____
   de Pâques?
– Oui, je (**b**)_____ allé en Irlande.
– En Irlande! (**c**)_____? A Dublin?
– Non, à la campagne, dans le sud-ouest.
– Super! Pendant (**d**)_____ de temps?
– Pendant une (**e**)_____.
– Il a fait beau?
– Oh, pas vraiment, mais il n'a pas fait froid. On a fait des (**f**)_____
   fantastiques! Et toi, tu es parti?
– Oui, je suis (**g**)_____ à la mer, en Bretagne. J'ai (**h**)_____ de la
   planche à voile pendant deux semaines. Il a fait un temps magnifique!
– Oui, tu es tout bronzé! (**i**)_____ est-ce que tu es rentré?
– Eh bien, dimanche … il y a (**j**)_____ jours.

La planche à voile

Grammaire

Passé composé avec "être"

je <u>suis</u> parti(<u>e</u>)	nous <u>sommes</u> parti(<u>e</u>)s
tu <u>es</u> parti(<u>e</u>)	vous <u>êtes</u> parti(<u>e</u>)s
il <u>est</u> parti	ils <u>sont</u> partis
elle <u>est</u> partie	elles <u>sont</u> parties

Grammaire

Pendant ou il y a

<u>Pendant</u> combien de temps?
<u>Pendant</u> une semaine.
<u>Il y a</u> combien de temps?
<u>Il y a</u> trois jours.

les vacances de Noël / de Pâques / d'été	il a fait beau / mauvais
à la mer / à la campagne / à la montagne	il a fait chaud / froid
le nord / le sud / l'est / l'ouest	

12 Tu as passé de bonnes vacances?

a Ecoutez les 2 conversations et remplissez les cases.

	où?	pendant combien de temps?	temps?	activités?
Benoît				
Sarah et Michel				

b A deux, posez-vous des questions sur vos dernières vacances (où, quand, pendant combien de temps, quel temps, activités, etc.).

13 Il pleut dans le nord-est

Ecoutez le bulletin météo (weather report) **pour les différentes régions de France et dites à quel dessin correspond chaque expression.**

1 il y a du vent

2 il pleut

3 il y a du brouillard

4 il y a du soleil

5 il neige

6 il y a de l'orage

7 il y a des nuages

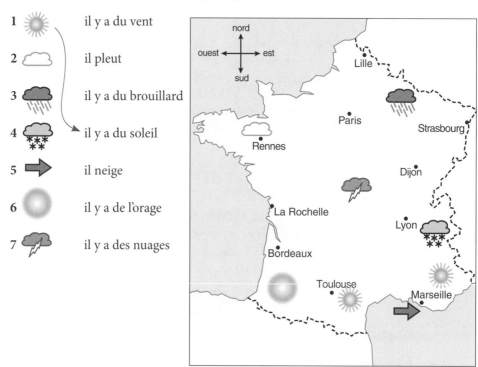

14 Les saisons au Québec

Ecoutez Pierre qui décrit les saisons au Québec et remplissez les cases.

hiver	printemps	été	automne

15 Quelle est votre saison préférée?

A deux, décrivez les saisons dans le pays ou la région d'où vous venez. (Ex: En hiver, il ne fait pas froid mais il pleut beaucoup.)

Extra!

 1 Le week-end

Listen to four students describing their weekend and write down all the details mentioned.

a Muriel:

b Stéphane:

c Loulou:

d Bernard:

2 Vacances dans les Alpes

Adam has just come back from holiday and has written an email to his English friend Morgan. Read the email and answer the questions below. (Note: **une balade** = **une promenade**; **l'escalade** = rock climbing.)

A: morganmcbride@gmail.com
Objet: Salut!

Salut Morgan,

Comment ça va? Tu as passé un bon été? Moi, j'ai passé de super vacances dans les Alpes! Je suis parti pendant trois semaines avec deux copains, Xavier et Eric. On a pris nos vélos et on a fait des balades fantastiques: dures, mais on a vu des paysages magnifiques! En fait, on a plus ou moins suivi la route du Tour de France. (Tu connais le Tour de France? C'est une course cycliste qui se passe chaque année.) En plus, il a fait un temps idéal: beau, mais pas trop chaud, avec quelques nuages … On a pu nager dans des petits lacs et on a même fait un peu d'escalade! On a bien mangé, aussi: on a découvert des petits restos de campagne avec de la cuisine traditionnelle, et vraiment pas chers! Je suis rentré tout à fait en forme. J'ai complètement oublié les cours et les examens! Malheureusement, j'ai dû retourner travailler au bureau de mon père: je n'ai plus d'argent! J'espère que tu es en forme, toi aussi.

A bientôt,
Adam

---

a Where did Adam go? For how long?

b What did he do there? What was it like?

c Why does he mention the Tour de France?

d What was the weather like?

e What was the food like?

f How does he feel now?

g How is he spending the rest of his holiday? Why?

Une vue incroyable!

Grammaire

Verbs: the perfect tense (le passé composé) ▶ (see page 152)

a Use: the perfect tense is the most common of the past tenses; it is used to report events:
e.g. **Il a perdu son passeport! Nous sommes allés au restaurant.**

b Form: as its French name (**passé composé**) implies, it is made up of two parts:
the 'auxiliary' verb: **avoir** or + the 'past participle' of the verb
être, in the present tense
e.g. **j'ai** + **mangé**

c Past participle: the past participle of regular verbs is formed as follows:
-er verbs: **-é** (e.g. **regardé**) **-ir** verbs: **-i** (e.g. **fini**) **-re** verbs: **-u** (e.g. **vendu**)
There are also many irregular forms. Here are some of them:

faire > fait   avoir > eu
prendre > pris   devoir > dû
lire > lu   pouvoir > pu
voir > vu

d Verbs with **être**: the perfect tense of some verbs is formed with **être**, including:

aller > allé   rentrer > rentré
arriver > arrivé   rester > resté
partir > parti

When the auxiliary **être** is used, the past participle must agree with the subject:

	masculin	**féminin**
singulier	je suis allé	je suis allée
	tu es allé	tu es allée
	il est allé	elle est allée
pluriel	on est allés	on est allées
	nous sommes allés	nous sommes allées
	vous êtes allés	vous êtes allées
	ils sont allés	elles sont allées

e Negative: **ne … pas** (or other negatives like **ne … plus**) go on either side of **avoir** or **être**:
e.g. **Il n'a pas fini sa dissertation. Vous n'êtes pas parties en vacances?**

pendant and il y a

– **Pendant** (= for) is used to refer to a specific length of time in the past (but also in the present and in the future).
E.g. **Tu es partie pendant combien de temps? Pendant six mois.**

– **Il y a** (= ago) is used to refer to a moment in the past.
E.g. **Il a fini quand? / Il a fini il y a combien de temps? Il y a deux heures.**

Exercices de grammaire

Verbs: perfect tense (le passé composé)

1 **Avoir** or **être**? Fill in the gaps with the appropriate form of **avoir** or **être**.

  a Nous _____ fini notre travail.

  b Je _____ arrivée hier.

  c Pierre _____ parti au Québec.

  d Ils _____ passé un très bon week-end.

  e Ses parents _____ restés en France.

  f Tu _____ vu ce film?

2 Transform the verbs from the present into the perfect tense.

  (E.g. **Il fait beau.** > *Il a fait beau.*)

  a Je fais de la planche à voile.

  b Vous aimez ce film?

  c Elles ne prennent pas l'avion.

  d Mes amis restent ici pendant une semaine.

  e Tu **(f)** vas en vacances?

  f On doit partir à dix heures.

  g Nous **(m)** rentrons le 20 juillet.

  h Elle ne part pas aux Etats-Unis.

Faire ses valises

3 Fill in the gaps in the text by choosing the appropriate verbs from the list below and putting them in the perfect tense. (Note: **louer** = to rent, to hire.)

> louer – voir – parler – décider – passer – adorer – faire – aller – rester

J'**(a)**_____ à Mira hier, elle **(b)**_____ de super vacances! Elle **(c)**_____ au Maroc avec son copain. Ils **(d)**_____ là pendant un mois. Ils **(e)**_____ une voiture et ils **(f)**_____ le tour du pays: ils **(g)**_____ des endroits magnifiques! Ils **(h)**_____ le pays et les gens, et ils **(i)**_____ d'y retourner l'année prochaine.

pendant and il y a

4 **Pendant** or **il y a**? Fill in the gaps.

  a Hier, elle a travaillé _____ des heures sur sa dissertation!

  b Ils sont partis de la maison _____ dix minutes.

  c Le film a duré _____ combien de temps?

  d Nous sommes restés en Suisse _____ deux semaines.

  e Il est rentré _____ combien de temps?

  f Quand êtes-vous allés à Nice? _____ un mois.

W More grammar exercises available online (**he.palgrave.com/foundations**).

Vocabulaire

Verbes	**Verbs**
passer	to spend (time)
proposer quelque chose/de faire quelque chose	to suggest something/ doing something
rester	to stay
rentrer	to come/go back home
louer	to rent, to hire
rencontrer	to meet
rater	to miss
oublier	to forget
perdre	to lose
attendre	to wait for
connaître	to know
suivre	to follow

Les vacances	**Holidays**
les vacances (f) de Noël	Christmas holidays
les vacances (f) de Pâques	Easter holidays
les vacances (f) d'été	Summer holidays
le portefeuille	wallet
la plage	beach
la soirée	evening (party)
plein de	lots of
épicé(e)	spicy
les flics (m)(coll.)	cops, policemen
la boîte de nuit	nightclub
bronzer	to sunbathe
le coup de soleil	sunburn
la randonnée	(long) walk, trek
la balade	walk/ride
l'escalade	rock-climbing
pendant	for, during
il y a	ago (also: there is/ are)
être en forme	to be well

Décrire un endroit	**Describing a place**
sympa	nice, friendly
nul(le)	not nice (slang)
moderne	modern
ancien(ne)	old, ancient
pittoresque	picturesque
animé(e)	lively
calme, tranquille	quiet
joli(e)	pretty
propre	clean
sale	dirty
pollué(e)	polluted
(pas) vraiment	(not) really
la mer	sea, seaside
la montagne	mountain

la campagne	country(side)
le nord	north
le sud	south
l'est (m)	east
l'ouest (m)	west

Le temps	**The weather**
il pleut	it rains/it is raining
il neige	it snows/it is snowing
il fait beau	the weather is nice
mauvais	bad
chaud	hot, warm
froid	cold
il y a du soleil	it is sunny
des nuages (m)	cloudy
du vent	windy
de l'orage (m)	stormy
du brouillard	foggy

Une montagne en Suisse

Travail à deux

1 Lundi matin

It is Monday morning and you are discussing the weekend with a French student.
Create a dialogue with your partner using the prompts below. You begin.

– Ask your partner if s/he had a good weekend.
– Find out what s/he did with her/his cousin.
– When asked, explain that you had to work all weekend, that you cleaned the house on
  Saturday and that you worked on your essay on Sunday.
– Say that you haven't finished your essay, that you still (**encore**) have a lot of work to
  do.
– Accept the suggestion to go for a coffee.

2 Les vacances

You have incomplete information about your friends' holidays. Find out from your
partner the missing details and complete the grid below.

	Ali	Carla	Denis et Francine
Où? (pays/région/ville)	Tunisie		Provence
Pendant combien de temps?			2 semaines
Avec qui?	famille		
Comment? (moyen(s) de transport)	voiture + bateau	avion	
Où? (logement)		amie	camping
Quoi? (activités)		tourisme, mer	

Un champ de lavande en Provence

Travail à deux

1 Lundi matin

It is Monday morning and you are discussing the weekend with a French student. Create a dialogue with your partner using the prompts below. Your partner will begin.

– Explain that you had a good weekend, that your cousin is staying with you at the moment and that you did lots of things.
– Say that your cousin loves sport, and that you saw a football match on TV on Saturday, and played tennis on Sunday. Then, ask your partner what her/his weekend was like.
– Ask your partner if s/he has finished the essay.
– React appropriately and suggest going for a coffee before the lecture.

2 Les vacances

You have incomplete information about your friends' holidays. Find out from your partner the missing details and complete the grid below.

	Ali	Carla	Denis et Francine
Où? (pays/région/ville)		Rome	
Pendant combien de temps?	2 mois	2 semaines	
Avec qui?		seule	2 copains
Comment? (moyen(s) de transport)			train
Où? (logement)	famille + hôtel		
Quoi? (activités)	visites (famille, amis), mer		promenades, escalade

Education et expérience

When you have completed this unit, you will be able to talk about your background, your education and your work experience.

1   Depuis combien de temps …?

Ecoutez Leila parler de son enfance (childhood) **et corrigez les erreurs dans la transcription ci-dessous (il y en a 5).**

Je suis née à Alger en 1990. J'ai habité en Algérie pendant quatre ans puis ma mère a obtenu un poste plus intéressant en Italie. Nous avons habité à Rome pendant huit mois et je suis allée à l'école française. Ma mère travaille en Espagne depuis 1999. J'ai déménagé en France pour faire mes études et je travaille à Angers depuis six mois.

> J'ai habité en Algérie <u>pendant</u> trois ans.   J'habite à Angers <u>depuis</u> six mois.

2   Depuis ou pendant?

Complétez les phrases avec "depuis" ou "pendant".

a   Elle a étudié l'anglais _____ cinq ans.
b   J'apprends l'espagnol _____ dix ans.
c   Il a habité à Londres _____ dix ans.
d   Nous vivons à Lyon _____ un an.

> J'étudie à Bruxelles depuis un an

3   Biographie

Ecrivez une courte biographie de Mustapha en français. Utilisez les informations ci-dessous. (Note: **être à la retraite** = to be retired.)

Past	Present
Born / 1975	Father / retired
Lived / Tunisia / 3 years with parents	Family lives in Toulouse / 4 years
Moved to France / in 1978	Mustapha and brother / study English / 3 years
Parents worked / Marseilles / 10 years	Brother work / 6 months / computing company

4   Et toi, où est-ce que tu es né(e)?

A deux, parlez et posez-vous des questions sur les événements (events) **de votre vie. Utilisez "depuis" et "pendant".**

5 Une nouvelle vie

Lisez l'e-mail ci-dessous et répondez aux questions en anglais. (Note: **se sentir à l'aise** = to feel at ease; **s'ennuyer** = to be bored; **s'inscrire (à un cours)** = to enrol (on a course).)

a   How long has Charlotte been in Liverpool?
b   How does she feel about the place?
c   What two subjects is she studying?
d   When did she see Joseph?

A: stephlem@hotmail.com
Objet: Allô!

Chère Stéphanie,

Me voici donc à Liverpool depuis deux semaines. C'est une ville fascinante, il y a énormément de choses à faire et à voir. Je me suis sentie à l'aise immédiatement ici. Je me suis installée dans ma chambre d'étudiante et je ne me suis pas ennuyée une minute! D'abord, je me suis inscrite en cours d'anglais au collège et j'ai commencé à apprendre le japonais! Il y a tellement de cours intéressants ici. J'ai appris que Joseph Bardou, notre vieux copain, habite ici. Je l'ai vu hier matin mais nous ne nous sommes pas parlés ... Voilà les nouvelles en quelques lignes. Je t'embrasse et à bientôt.

Charlotte

---

6 Inscription à la fac

a   **Patrick et Angéline s'inscrivent à l'université. Ecoutez leur conversation et cochez l'infinitif des verbes que vous entendez.** (Note: **coups de fils** = phone calls.)

se présenter ☐   se renseigner ☐   remplir ☐   s'installer ☐
s'inscrire ☐   s'ennuyer ☐   devenir ☐   réussir ☐

b   **Ecoutez le dialogue encore une fois et répondez aux questions en anglais.**

i   What course is Angéline interested in?
ii   What course has Patrick enrolled on?
iii   How long has Angéline been living in her flat?
iv   Where did they go this morning?
v   What else does she need to do now?
vi   What does she suggest?

Grammaire

Passé composé des verbes pronominaux

je me <u>suis</u> installé(<u>e</u>)	nous nous <u>sommes</u> installé(<u>e</u>)<u>s</u>
tu t'<u>es</u> installé(<u>e</u>)	vous vous <u>êtes</u> installé(<u>e</u>)<u>s</u>
il s'<u>est</u> installé	ils se <u>sont</u> installés
elle s'<u>est</u> installée	elles se <u>sont</u> installé<u>es</u>

7 L'année à l'étranger

Lisez l'e-mail ci-dessous et complétez les phrases. Ensuite, écoutez l'enregistrement pour vérifier vos réponses. (Note: **s'amuser** = to enjoy oneself; **pas encore** = not yet; **se sentir** = to feel.)

A: j.lamy@wanadoo.fr
Objet: Salut de Bristol

Chère Juliette,

Je suis donc à Bristol **(a)**_____ deux mois mais je ne me **(b)**_____ pas très à l'aise ici! Les étudiants dans mon groupe ne sont pas très sympas! Je me suis **(c)**_____ dans ma chambre mais je **(d)**_____ ennuie. J'ai commencé par visiter la ville et je me suis beaucoup amusée mais je **(e)**_____ ici depuis deux mois et je n'ai pas encore rencontré d'autres étudiants anglais! En plus, je ne comprends pas bien l'anglais. Ils parlent trop vite! Le mois dernier, je me suis **(f)**_____ en cours d'anglais au collège. J'ai vu d'autres étudiants français au café hier soir et je **(g)**_____ suis présentée. Je vais les retrouver ce soir!

Viens me voir bientôt. Je t'embrasse bien fort,
Daniella

> Je me suis <u>beaucoup</u> amusée
> Je <u>n</u>'ai <u>pas encore</u> rencontré …

8 Etudier ou travailler

Ecoutez Anne et Joffrey décrire leur parcours scolaire et professionnel. A deux, faites un court résumé oral en français:

– lieu de naissance et d'habitation
– études
– temps passé à l'étranger
– emploi
– langues parlées
– autres détails

D'autres exercices en ligne: he.palgrave.com/foundations

9 Premiers pas à l'université

A deux, parlez de votre arrivée à l'université: inscription, logement, amis, vie sociale, etc.

10 Travail et études

Ecoutez Adeline décrire son CV et dites si les phrases ci-dessous sont vraies ou fausses.

a She has been working since 1989.
b She has been living in Paris for three years.
c She studied English for five years.
d Her parents moved to Italy two years ago.
e She goes and visits them every two months.

11 Voici mon CV

Lisez le CV de Julien et trouvez l'équivalent des expressions suivantes en français.

a A levels   **b** degree   **c** MA/MSc   **d** work placement   **e** events
f bilingual   **g** sales assistant   **h** training and education   **i** HND
j language course abroad

Julien Nguyen

18 rue du Moulin, 93400 Saint-Ouen
21 ans / 0617539944 / j.nguyen@yahoo.fr
Recherche d'un stage en marketing de 2 mois minimum

FORMATION

2015–2016	**Master 1 Marketing**, un semestre effectué à l'université de Leeds en Angleterre, dans le cadre du programme Erasmus, et un semestre effectué à l'IAE de Lyon.
2014–2015	**Licence 3 Gestion des entreprises** (gestion, marketing, communication) IAE (Institut d'Administration des Entreprises), 69000 Lyon.
2012–2014	**DUT Techniques de commercialisation** (marketing, communication) Université Lyon 1, 69000 Lyon
2010-2012	**Baccalauréat ES, spécialité Sciences économiques – Mention Assez Bien.** Lycée Pablo Picasso, 69600 Oullins

EXPERIENCE PROFESSIONNELLE

2014   Assistant Responsable en Relations Internationales – **Avrilam SARL**
Avril à Juin, stage de 2 mois.
- Réalisation de dossiers de presse.
- Participation à l'organisation d'une conférence de presse.
- Communication de divers événements et plaquettes commerciales.

2013   Assistant commercial – **Boitarama**
Avril, stage de 2 semaines.
- Suivi d'un commercial.
- Participation à la négociation.
- Prospection, conception et envoi de mailing.

COMPETENCES SPECIFIQUES
- Anglais: bilingue.
- Espagnol: lu, écrit, parlé (séjours linguistiques).
- Informatique/Bureautique: Pack Office (Word, Excel, PowerPoint).

CENTRES D'INTERET
Sports: Basketball pendant 5 ans, Football et Tennis pendant 2 ans.
Voyages: Italie, Maroc, Espagne, Etats-Unis, Grande Bretagne.

12 Les examens

A deux, remettez dans l'ordre les phrases ci-dessous pour faire un dialogue. Ensuite, écoutez l'enregistrement pour vérifier vos réponses.
(Note: **se débrouiller** = to manage (well); **passer des examens** = to take exams; **réussir** = to pass; **une note** = a mark.)

a   Mais c'est une très bonne note! Tu as de la chance. Moi, j'ai passé des examens la semaine dernière et je ne sais pas si je les ai réussis.

b   Si, mais je ne me suis pas très bien débrouillée. J'ai eu 12 sur 20 seulement.

c   Salut Amanda! Ça va?

d   Non, je ne l'ai pas vue. Où est-elle?

e   Bof! J'ai eu les résultats de mon examen de maths ce matin.

f   Cinq, la semaine dernière et trois avant.

g   Combien d'examens est-ce que tu as passés?

h   Est-ce que tu as vu la liste des résultats?

i   Tu n'as pas réussi?

j   D'accord.

k   Dans le hall. On y va?

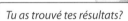

> *Tu as trouvé tes résultats?*

Grammaire

Accord du participe passé

– Tu as réussi <u>tes examens</u>? – Non, je ne sais pas si je <u>les</u> ai réussi<u>s</u>.

– Est-ce que tu as vu <u>la liste des résultats</u>? – Non, je ne <u>l</u>'ai pas vu<u>e</u>.

– Combien d'<u>examens</u> est-ce que tu as passé<u>s</u>?

13 Un bon candidat

Vous travaillez pour une agence qui recherche un professeur d'anglais. Ecrivez en français le résumé de l'expérience de chaque candidat. (Note: **une mention très bien** = distinction; **une formation d'enseignant(e)** = teacher training; **enseigner** = to teach.)

Candidat 1

Julia / from Birmingham / has degree in Italian literature / in 2005 enrolled on a teacher training course / passed with distinction / moved to London six months ago / has taught for two months.

Candidat 2

John / born in Manchester / got a degree in English literature / spent five years in Europe / worked as waiter and English teacher / worked in London as a teacher for two years.

Candidat 3

Carmen / bilingual Spanish–English / did a Master's degree / enrolled on teacher training course last year / passed with distinction / has no teaching experience.

14 J'ai un entretien

Trouvez l'expression en français qui correspond à celle en anglais.

a I have got an interview.
b I did not pass my exam.
c We did a work placement.
d She has already worked in this area.

1 Je n'ai pas réussi mon examen.
2 Nous avons fait un stage.
3 Elle a déjà travaillé dans ce secteur.
4 J'ai un entretien.

15 Bonne chance!

Ecoutez Odile et Samuel parler d'un entretien et complétez les phrases.
(Note: **passer un entretien** = to have an interview, **recevoir** = to receive,
une société = a company.)

Samuel Salut Odile! Tu vas bien?
Odile Très bien, merci. J'ai **(a)**_____ une lettre ce matin et je vais
         (b)_____ un entretien.
Samuel Super! Pour quelle société?
Odile C'est pour une société de marketing.
Samuel Tu as déjà **(c)**_____ dans ce secteur?
Odile Oui. Je travaille à mi-temps **(d)**_____ un an aux Galeries Lafayette à
         Paris. L'année dernière j'ai aussi fait un **(e)**_____ de trois mois chez
         Marks & Spencers à Londres.
Samuel Tu as passé des examens de marketing?
Odile Oui. J'ai **(f)**_____ mon diplôme cet été.
Samuel Félicitations!
Odile Merci. Et toi, tu as **(g)**_____ tes examens?
Samuel J'ai **(h)**_____ un an à l'université. Je vais finir ma licence l'année
         prochaine.
Odile En quoi?
Samuel En **(i)**_____.
Odile Et qu'est-ce que tu vas faire après?
Samuel Je voudrais faire un **(j)**_____.
Odile Et bien, **(k)**_____ chance!
Samuel Et toi aussi pour ton entretien! Salut!

16 Parlez-moi de vos études

A deux, imaginez une situation d'entretien et posez-vous des questions sur vos
études, votre expérience professionnelle et vos qualités personnelles.

Découvrir ... les frais d'inscription en France.

Allez en ligne (he.palgrave.com/foundations) pour en savoir plus.

 1 Lettre de motivation

Read the following covering letter for a job application and answer the questions below.

le 31 janvier 2016

Monsieur,

Suite à votre annonce parue dans le Guardian International du 30 janvier 2016, je me permets de vous proposer ma candidature pour le poste de responsable de marketing. Je pense posséder toutes les qualifications et l'expérience requises.

J'ai quitté l'Université de Warwick en 2013 avec une licence en études commerciales, avec mention très bien. En octobre 2014 j'ai passé un diplôme de marketing et je l'ai obtenu en été 2015. Au cours de mes études supérieures, je me suis spécialisé dans le secteur "études de marchés" et j'ai fait un stage de six mois chez Nestlé à Vevey en Suisse. A l'université j'ai suivi un cours de français intensif pendant un an donc je parle couramment.

Vous trouverez ci-joint mon curriculum vitae.

En attendant une réponse, recevez monsieur, l'expression de mes salutations distinguées.

Joseph Brown

a What post is Joseph applying for?
b Give details of his qualifications.
c What specialist knowledge does he have?
d Give details of time spent abroad.
e What knowledge of foreign languages does he have?

 2 CV

Listen to two people talking about their qualifications and work experience and fill in the grid below.

	diplômes	expérience	langues
femme			
homme			

Pendant is used to describe how long something lasted (something which is finished).
E.g. **J'ai habité à Londres pendant 3 ans**. (= I lived in London for three years but do not live there any more.) Note that the perfect tense is used.

Depuis is used to describe something that has lasted and is still occurring.
E.g. **J'habite à Londres depuis 3 ans**. (= I have lived in London for three years and I still live there.) Note that the present tense is used.

Reflexive verbs in the perfect tense ▶(see page 152)

All reflexive verbs use **être** as the auxiliary in the perfect tense. E.g. **se renseigner > il s'est renseigné**. Note: the past participle agrees with the subject of the verb.

> **je me suis renseigné(e)**
> **tu t'es renseigné(e)**
> **il/elle s'est renseigné(e)**
> **nous nous sommes renseigné(e)s**
> **vous vous êtes renseigné(e)s**
> **ils/elles se sont renseigné(e)s**

Note the word order with:

– the negative:
E.g. **Je ne me suis pas inscrit à l'université.**
> **Elle ne s'est plus ennuyée. (ne … plus = not any more, no more)**
> **Nous ne nous sommes jamais sentis à l'aise. (ne … jamais = never)**

– adverbs:
E.g. **Je me suis beaucoup amusé en France.**
> **Il s'est assez ennuyé à Paris.**

Object pronouns and the perfect tense

With verbs using **avoir** as the auxiliary in the perfect tense, there is no agreement with the subject.
E.g. **j'ai mangé   elle a mangé   nous avons mangé   elles ont mangé**

However, when the direct object is placed before the verb, the past participle must agree with the direct object. This can happen:

– with pronouns (which go before the verb).
E.g. – **Est-ce que tu as vu Paul et Martin?   – Oui, je les ai vus hier.**
> – **Est-ce qu'il a contacté l'entreprise?   – Oui, il l'a contactée hier.**

– with questions, when there is an inversion.
E.g. – **Combien d'examens as-tu passés?**

Exercices de grammaire

pendant and depuis

1 Translate the following sentences into French:

a I lived in Australia for three years.

b They have been working in England for two months.

c She studied English at school for five years.

d They have been learning French for three months.

e How long did you live there for?

Reflexive verbs in the perfect tense

2 The following outline information describes the lives of Claudia and Aziz when they were students. Use it to write a summary. (Note: **se mettre à** = to begin.)

a Claudia / s'inscrire / université / Paris / 2013.

b Aziz / se renseigner / pour entrer / école de commerce.

c Ils / s'amuser / beaucoup / Paris.

d Claudia / se mettre à / apprendre l'espagnol.

e Aziz / se mettre à / faire de la natation.

f Claudia et Aziz / s'installer / appartement / près de la Sorbonne.

3 Answer the following questions in the negative:

a Est-ce que tu t'es inscrit à l'université?

b Est-ce qu'elle s'est renseignée pour les cours de japonais?

c Est-ce que vous vous êtes installés dans votre nouvelle maison?

d Est-ce qu'elles se sont ennuyées?

e Est-ce que Jacques s'est amusé?

f Est-ce qu'elles se sont senties à l'aise en France?

Object pronouns and the perfect tense

4 Answer the questions by replacing the underlined words with a direct object pronoun. Make sure that the past participle agrees with the pronoun.

E.g. **Est-ce qu'elle a aimé <u>cette ville</u>?** > *Oui, elle l'a aimée.*

a Est-ce que tu as passé <u>ton entretien</u>?

b Est-ce que tu as envoyé <u>ton CV</u>?

c Est-ce qu'elle a obtenu <u>le poste</u>?

d Est-ce qu'il a réussi <u>ses examens</u>?

e Est-ce qu'elles ont contacté <u>l'entreprise</u> pour le poste?

f Est-ce que vous avez rencontré <u>la directrice</u>?

W More grammar exercises available on the companion website (he.palgrave.com/foundations).

Vocabulaire

🎧 Verbes pronominaux — Reflexive verbs

s'ennuyer	to be bored
s'installer	to settle
s'inscrire	to enrol
se parler	to talk to each other
s'amuser	to enjoy oneself
se débrouiller	to cope/manage
se présenter	to introduce oneself/turn up
se sentir à l'aise	to feel at ease
se renseigner	to find out/enquire
se mettre à	to start doing something
se specialiser dans	to specialise in

🎧 Examens et diplômes — Exams and qualifications

apprendre	to learn
passer un examen	to sit an exam
réussir	to pass
échouer	to fail
obtenir	to gain/get
le baccalauréat (bac)	'A' levels (equivalent)
le master	Master's degree
la licence	Bachelor's degree
le doctorat	PhD, doctorate
la fac (coll.)	university
la formation d'enseignant	teacher training
améliorer	to improve
la note	mark
le résultat	result
la mention très bien	distinction
le diplôme	diploma
le DUT (Diplôme Universitaire de Technologie)	HND (Higher National Diploma)
les frais (m) d'inscription	registration fees

🎧 Etudes — Studies

les lettres (f) modernes	humanities
les sciences (f)	sciences
l'ingénierie (f)	engineering
les études (f) commerciales	business studies
la gestion	management
la littérature	literature
l'informatique (f)	computing
le marketing	marketing

🎧 Le curriculum vitae — CV

la formation	education/training
l'expérience (f) professionnelle	work experience

divers	miscellaneous
le stage	work placement
suivre un cours	to do a course
le cours intensif	intensive course
le séjour à l'étranger	stay abroad
la langue étrangère	foreign language
parler couramment	to speak fluently
l'outil (m) informatique	computing
le permis de conduire	driving licence
être à la retraite	to be retired
passer un coup de fil	to make a phone call
remplir un formulaire	to fill in a form
fournir	to provide/supply
recevoir	to receive
être obligé(e) de	to have to
déménager	to move
vivre	to live
l'internet (m)	internet
l'entretien (m)	interview
le tour du monde	world trip
bilingue	bilingual
la connaissance	knowledge
depuis	for/since
pendant	for/during
longtemps	a long time
l'assistant(e)	assistant
le/la chercheur/-euse	researcher
le poste	job/position
la société	company
l'entreprise (f)	firm
la candidature	application

Etudier à la bibliothèque

Travail à deux

1 Séjour à Paris

You have just moved to Paris for a six-month work placement. You are having a drink with one of your work colleagues. Use the following information in your conversation. Your partner will start.

- You have been living in Paris for two months.
- You are a student and you are going to be working in Paris for six months.
- Your colleague comments on your French. Say you have been learning for two years.
- You are living in a flat near the river. It is very nice and you have settled in well.
- You like Paris and you like the French a lot.
- You have been having fun. You have met lots of people and you go out a lot in the evenings to bars and cafés.

Vue sur Paris

2 Une candidature

You have asked one of your work colleagues to shortlist candidates for an interview. Your partner has selected a CV. Ask the following questions. You start.

Ask your colleague who s/he has chosen. Find out:
- her/his nationality and age.
- if s/he has a degree. If so, what subject and when did s/he finish university.
- if s/he has a Master's degree.
- if s/he speaks English.
- if s/he has IT skills.
- what s/he is currently doing.
- what other work experience s/he has.

Travail à deux

1 Séjour à Paris

You are going out for a drink with a colleague from work. S/he is English and has only been at the company for a couple of months. You start.

– Ask how long s/he has been in Paris.
– Ask how long s/he is staying.
– Say that s/he speaks very good French. Ask how long s/he has been learning.
– Find out where s/he lives and ask if s/he likes the flat.
– Ask if s/he likes Paris.
– Ask if s/he has been having a good time and ask what s/he does in the evenings.

2 Une candidature

You have been asked to compile a shortlist for an interview panel. You have selected the following CV as you think it is appropriate. Your partner is your manager and wants to know more information about the candidate. Use the CV below to answer any questions you are asked. Your partner will start.

Nom: Adile Rocher
Adresse: 12 rue de la Craffe, 56000 Nancy
Nationalité: française
Date de naissance: 15/10/92 à Nancy

Formation:
Diplôme d'ingénieur, obtenu juillet 2014, Ecole Nationale de Paris
Licence en biochimie 2010–2013, La Sorbonne, Paris
Baccalauréat scientifique (mention bien), obtenu en juillet 2010, Lycée Georges Pompidou, Nancy

Expérience professionnelle:
Depuis septembre 2014: Ingénieur chez SOFICAM, Nancy
Janvier–juillet 2012: Stage de six mois chez BELLCANADA, Calgary, Canada
Mai–septembre 2011: Caissier à l'hypermarché de Vandœuvre, Nancy

Divers:
Bonne connaissance de l'outil informatique (Word/Excel)
Anglais parlé courant: séjour au Canada

Projets d'avenir

When you have completed this unit, you will be able to express what you intend to do and give your opinions.

1 Je vais travailler comme bénévole

a **Ecoutez la conversation et dites (en anglais) ce que Steph va faire pendant l'été.**
(Note: **bénévole** = volunteer; **avoir hâte de** + infinitive = to look forward to + -ing verb.)

b **Lisez le dialogue et soulignez les 7 verbes au futur simple** (future tense).

Mia	Alors, qu'est-ce que tu vas faire cet été?
Steph	Je vais travailler comme bénévole au Vietnam.
Mia	Ah oui? Tu pars quand?
Steph	Dans une semaine – je prends l'avion le 18 juillet.
Mia	Tu iras où exactement?
Steph	Dans un petit village, dans le nord-est du pays, en pleine campagne.
Mia	Et tu feras quoi?
Steph	J'enseignerai le français aux enfants du village et j'aiderai à construire une nouvelle école.
Mia	Ah, c'est un super projet! Et tu logeras chez l'habitant?
Steph	Non, on sera tout un groupe, on aura des tentes près du village. J'ai vraiment hâte de partir!

c **Ecoutez de nouveau le dialogue et concentrez-vous sur la prononciation des verbes.**

d **A deux, jouez les rôles (lisez le dialogue).**

Loger sous la tente au Vietnam

Grammaire

Le futur simple (the future tense)

enseigner (to teach)	regular verbs	irregular verbs	
j'enseignerai	aider > j'aiderai	être > je serai	falloir > il faudra
tu enseigneras	partir > je partirai	avoir > j'aurai	devoir > je devrai
il/elle/on enseignera	prendre > je prendrai	faire > je ferai	vouloir > je voudrai
nous enseignerons		aller > j'irai	pouvoir > je pourrai
vous enseignerez		venir > je viendrai	savoir > je saurai
ils/elles enseigneront		voir > je verrai	

2 Un chantier de jeunes bénévoles

A deux, choisissez le chantier de bénévoles (volunteer project) **qui vous intéresse le plus et expliquez pourquoi.**

Chantiers de jeunes bénévoles

Centre d'orientation jeunesse

Association historique de Mecris

Restauration de monuments historiques, initiation à la maçonnerie et à la taille de pierre.

Public: tout public à partir de 18 ans. Mixité de public français et étranger.
Lieu: Provence, France.

Période: juillet et août.
Coût: 100€ de participation.
Contactez: www.ahm.org

Solidarité France

Projets de solidarité, vie communautaire, solidarité internationale, protection de l'environnement, construction de bâtiments, organisation d'événements culturels.

Public: jeunes de 18 ans minimum, jeunes handicapés.
Lieu: Europe, France.

Période: de juin à septembre.
Coût: gratuit.
Contactez: www.solidarite.org

Les amis de Château Belac

Restauration de monuments historiques, fouilles archéologiques.

Lieu: France, Pyrénées.
Période: avril, juillet et août.

Coût: 60€ par semaine ou 95€ pour 2 semaines en avril, 75€ pour 3 semaines en été.
Contactez: www.amisdebelac.com

Société de protection de la nature

Protection de l'environnement.

Public: tout public, 18 ans minimum.
Lieu: Bretagne, France.
Période: juillet.

Coût: 16€ par chantier + 15€ de frais d'adhésion.
Contactez: www.spn.com

3 Voyage en Europe

a **Lisez le texte et complétez les blancs avec les verbes ci-dessous conjugués au futur simple.**

> aller – faire – louer – passer – prendre – rentrer – rester – retourner – retrouver

Je vais voyager en Europe avec Interrail. D'abord, je **(a)**_____ l'Eurostar jusqu'à Avignon. Puis, j'**(b)**_____ sur la Côte d'Azur. Je **(c)**_____ là pendant une semaine. Ensuite, je **(d)**_____ quelques jours en Italie et de là je **(e)**_____ une petite croisière en Méditerranée. Après, je **(f)**_____ en Italie où je **(g)**_____ des amis qui ont une maison dans le Chianti. Je **(h)**_____ une voiture pour le week-end. Je **(i)**_____ à Londres à la fin du mois.

> *Le départ*

b **Réécrivez le texte à la 3ème personne.**
Ex: Il (ou Elle) va voyager en Europe ...

4 Projets de vacances

Ecoutez le dialogue et répondez aux questions en utilisant le futur simple.
(Note: **un groupe** = band; **une quinzaine** = about 15; **un boulot** (coll.) = job;
rien de génial (coll.) = nothing great; **une boîte** (coll.) = company; **le loyer** = rent.)

a Pourquoi est-ce que Freddie n'ira pas au festival?
b Combien de temps restera-t-il à l'île de Ré?
c Que fera-t-il après?
d Que fera-t-il avec son salaire?
e Que fera Salma?

Rock en Seine is one of the biggest festivals in France. It takes place over the last weekend of August, in a park outside Paris.

Grammaire

Projet:	Qu'est-ce que tu <u>vas faire</u>?	Détails du projet:	Tu <u>feras</u> quoi, exactement?
	Je <u>vais travailler</u>.		J'<u>enseignerai</u> le français.
			J'<u>irai</u> peut-être dans le Midi.

5 Qu'est-ce que tu vas faire cet été?

A deux, posez-vous des questions sur vos projets pour les vacances d'été.

6 Rencontres en vacances

Conversation avec la patronne d'un restaurant: lisez les phrases et remettez-les dans l'ordre pour reconstituer le dialogue. Ecoutez et vérifiez vos réponses.

a C'est bien, mais un peu bruyant.

b Oui, c'est délicieux, merci.

c Oui, on passe quelques jours avec des amis.

d Vous aimez la région?

e Alors, tout va bien, ça vous plaît?

f Qu'est-ce que vous en pensez?

g Non, on est au Camping du Littoral.

h Oui, on adore! Les gens sont très sympas et on mange bien.

i Vous êtes ici en vacances?

j C'est bien vrai, ça! Et … vous êtes à l'hôtel?

k Oui, il faut aimer faire la fête, hein?

La plage près du Camping du Littoral

Tu aimes …?	Oui,	j'adore / on adore!
Vous aimez …?		c'est très bien.
Ça te plaît?		c'est délicieux.
Ça vous plaît?	Non,	pas tellement.
		pas du tout.
Qu'est-ce que	tu penses de …?	J'aime beaucoup.
	vous pensez de …?	On aime beaucoup.
	tu en penses?	Bof!
	vous en pensez?	Comme ci, comme ça.

7 Un concert

Ecoutez 3 amis échanger leurs impressions sur un concert et corrigez les erreurs dans la transcription ci-dessous (il y en a 10). (Note: **trop de monde** = too many people.)

Yvan	Eh bien, c'était pas génial, hein?
Emma	Moi, j'ai trouvé ça bien… Bon, ce ne sont pas des stars, mais ils jouent bien et leur musique est bonne, je trouve.
Simona	Vous ne pensez pas qu'il y avait trop de monde?
Emma	Oui, c'est vrai, la salle était vraiment trop petite.
Yvan	A mon avis, les concerts en province sont toujours mauvais. Il faut aller dans les grandes villes pour ça.
Simona	Ah non, je suis pas d'accord, j'ai vu de fantastiques concerts dans des petites villes de province, et justement, c'était plus sympa et moins commercial.
Emma	Moi, je crois que si on aime un groupe, ça n'a pas d'importance, l'endroit où on le voit.
Simona	Oui, c'est vrai.

> A mon avis, …
> (Moi,) je trouve/pense/crois que …   c'est/c'était très bien
> (Moi,) j'ai trouvé ça super/formidable/génial/nul/mauvais/pas terrible/ ennuyeux/etc.
>   Je suis d'accord./C'est vrai.   Je ne suis pas d'accord./Ce n'est pas vrai.

Grammaire

> Lui, il pense que …   Elle, elle trouve ça …
> Vous, vous avez aimé?   Oui, nous, nous avons aimé …

Grammaire

> c'est   c'était
> il y a   il y avait

 8 Je suis d'accord

A deux, lisez les phrases ci-dessous et dites si vous êtes d'accord. (Ex: – Moi, je trouve que les Parisiens ne sont pas très polis. Et toi? – Je suis d'accord.)

a   Paris est une ville très romantique.
b   La cuisine anglaise est excellente.
c   La musique classique, c'est pour les vieux.
d   Il n'y a rien de bon au cinéma en ce moment.
e   Le climat au Royaume Uni est très agréable.
f   Le français est facile à apprendre.

9 Je voudrais partir …

Regardez et écoutez deux jeunes parler de leurs projets d'avenir et dites si les phrases ci-dessous sont vraies ou fausses.

a Clémentine wants to do a work placement.
b Her English is perfect.
c She wants to do some networking.
d She is very familiar with American culture.

e Vlad wants to improve his English.
f He knows London quite well.
g He is interested in the movie industry there.
h He thinks being in London will help his career.

Allez en ligne (he.palgrave.com/foundations) **pour accéder à d'autres exercices sur cette vidéo.**

Je voudrais …	
J'aimerais …	
J'ai envie de/d' …	étudier
Je pense …	partir
J'ai l'intention de/d' …	travailler

10 Projets d'avenir

Ecrivez les projets d'avenir de Muriel. Faites des phrases complètes. (Ex: Muriel a l'intention de continuer ses études, elle voudrait faire …) (Note: **à son compte** = freelance.)

a continuer ses études / faire un master en traduction
b voyager pendant un an
c passer quelques mois en Angleterre / améliorer son anglais
d travailler à son compte / acquérir de l'expérience
e essayer d'obtenir un poste à la Commission européenne

11 Qu'est-ce que tu vas faire?

A deux, parlez et posez-vous des questions sur vos projets d'avenir.

Découvrir … la fuite des cerveaux.

Allez en ligne (he.palgrave.com/foundations) **pour en savoir plus.**

 1 Travail de vacances

Listen to a conversation between four students working as volunteers at a camp in Gabon. Note down the following information for each of them: how long they have been at the campsite / what job they do there / where they come from / what subject they are studying at university.

a Emily

b Valentin

c Coralie

d Mehmet

 2 Des vacances pas chères

Read the tips for cheap holidays and answer the questions below.

Conseils pour partir en vacances avec un petit budget

Voici quelques suggestions pour pouvoir partir en vacances quand on est étudiant et qu'on a un petit budget.

Transports

Le train: la SNCF offre des cartes de réduction pour les jeunes. L'option Interrail permet de voyager à travers l'Europe.

L'avion: la majorité des compagnies aériennes proposent des tarifs pour les étudiants.

L'auto-stop: moyen de transport très économique, la solution idéale si vous avez du temps, de la patience … et si vous êtes prudent.

Le covoiturage: partager sa voiture permet de voyager moins cher. Pour l'organisation, plusieurs sites existent, sur lesquels vous pouvez vous inscrire pour trouver des compagnons de voyage.

Le rapatriement d'une voiture de location: vous pouvez voyager pour 1€ (symbolique) en rapatriant une voiture de location à son pays d'origine. Renseignez-vous sur des sites qui vous mettront en relation avec des agences de location.

Logement

Le couchsurfing: le moyen le plus économique: participez à un groupe de personnes de différents pays qui proposent gratuitement un canapé-lit (renseignements sur internet).

La co-location de vacances: partager un logement pour réduire le coût et faire des rencontres. Renseignez-vous sur des sites spécialisés.

L'auberge de jeunesse: un lit pas cher si vous aimez rencontrer d'autres jeunes. Le petit déjeuner est souvent inclus dans le prix.

Séjours de dernière minute

Les séjours tout compris avec hôtel et avion peuvent être une solution économique pour partir pas cher. Profitez des offres de dernière minute sur les grands sites de voyages.

---

a What is the cheapest way to travel? What are the conditions?

b What is **covoiturage**?

c How can you rent a car for one euro only?

d What is the difference between **couchsurfing** and **co-location**?

e What is the English equivalent of **auberge de jeunesse**?

Grammaire

Verbs: the future tense futur simple ▶ (see page 153)

a <u>Use:</u> the future tense is mainly used to refer to events taking place in the future. It is often an alternative to the present tense form of **aller** + infinitive, or even to the present tense.

E.g.   1 **Ce week-end, j'<u>irai</u> à Paris.**

      2 **Je <u>vais aller</u> à Paris.**

      3 **Je <u>vais</u> à Paris.**

Note that going from **1** to **3** indicates that you are more certain about events and/or are speaking more informally.

– The future tense is often used to give details of future plans, whereas **aller** + infinitive is generally used for the first mention of those plans.

– It is used after **quand**, when referring to future events (unlike in English, where 'when' is followed by a verb in the present tense).

E.g. **Quand j'<u>aurai</u> mon diplôme, je chercherai du travail.**

– It is often used after **espérer que**.

E.g. **J'espère qu'ils <u>arriveront</u> à l'heure.**

– When used with **peut-être**, it is the equivalent of 'may/might'.

E.g. **Je <u>ferai peut-être</u> un master.**

b <u>Form:</u> the future tense is constructed from the infinitive form (deleting the final **e** of **-re** verbs) and adding the following endings (based on the present tense of **avoir**):

travail<u>ler</u> (to work)	**prend<u>re</u>** (to take)
je travaille<u>rai</u>	je prend<u>rai</u>
tu travaille<u>ras</u>	tu prend<u>ras</u>
il/elle travaille<u>ra</u>	il/elle prend<u>ra</u>
nous travaille<u>rons</u>	nous prend<u>rons</u>
vous travaille<u>rez</u>	vous prend<u>rez</u>
ils/elles travaille<u>ront</u>	ils/elles prend<u>ront</u>

Some familiar verbs have an irregular form in the future tense:

être > je <u>serai</u>	avoir > j'<u>aurai</u>	faire > je <u>ferai</u>	aller > j'<u>irai</u>
venir > je v<u>iendrai</u>	falloir > il <u>faudra</u>	devoir > je dev<u>rai</u>	vouloir > je vou<u>drai</u>
pouvoir > je pou<u>rrai</u>	savoir > je s<u>aurai</u>	voir > je v<u>errai</u>	

moi, toi, lui ... ▶(see page 151)

moi	nous
toi	vous
lui/elle	eux/elles

These pronouns are used:

– to emphasise the subject pronouns **je, tu, il, elle, nous, vous, ils, elles**.

E.g. <u>**Moi**</u>**, je trouve que c'est bien.**

     <u>**Lui**</u>**, il habite à Bordeaux.**

– after prepositions like **chez, avec, pour,** etc.

E.g. **Je travaille avec <u>eux</u>.**

     Pierre vient chez <u>nous</u> ce soir.

Exercices de grammaire

The future tense

1 Transform each verb from the **aller** + infinitive form into the future tense.
   E.g. **Je vais partir à dix heures.** > *Je partirai à dix heures.*

   a Quand est-ce que tu vas aller en vacances?

   b Ce soir, nous allons sortir avec des copains.

   c Je vais avoir 21 ans en décembre.

   d On va voir!

   e Ils vont prendre le train jusqu'à Lille.

   f Vous allez faire un stage en entreprise?

   g Elles vont bientôt arriver.

   h Il va peut-être venir avec nous.

2 Fill in the gaps in the text by choosing the appropriate verbs from the list below and putting them in the future tense.

aller avoir devoir être faire lire loger pouvoir prendre se reposer

Cet été, nous **(a)**_____ en vacances en Bretagne. Nous **(b)**_____ le train jusqu'à Brest et puis le bus. Nous **(c)**_____ dans un petit hôtel au bord de la mer et alors nous **(d)**_____ nous baigner tous les jours. Nous **(e)**_____ des promenades et nous **(f)** _____aussi. Nous **(g)**_____ un tas de livres, nous n'**(h)**_____ pas le temps de nous ennuyer! Mais avant ça, nous **(i)**_____ travailler pour gagner l'argent du voyage, sinon nous **(j)**_____ obligés de faire de l'auto-stop et de dormir à la belle étoile.

moi, toi, lui …

3 Fill in the gaps in the dialogue, choosing from **moi, toi, lui, elle, nous, vous, eux** or **elles**.
   (Note: **le bouquin** (coll.) = book.)

   – Tu as aimé la soirée chez Tom?

   – Bof! Je n'aime pas beaucoup aller chez **(a)**_____; ses parents sont toujours là et on ne peut pas s'amuser, avec **(b)**_____. Et **(c)**_____, tu as aimé?

   – **(d)**_____, je les trouve sympas, ses parents, surtout sa mère.

   – Oui, **(e)**_____, elle est bien, c'est vrai … Tiens, je t'ai apporté ce bouquin.

   – C'est pour **(f)**_____?

   – Oui, oui, c'est pour **(g)**_____.

W More grammar exercises available on the companion website (**he.palgrave.com/foundations**).

Vocabulaire

Projets / Plans

le/la bénévole	volunteer
le chantier de bénévoles	volunteer project
le boulot (coll.)	work
la boîte (coll.)	company (also: nightclub)
covoiturage	carsharing
travailler dans une boîte	to work for a company
sortir en boîte	to go clubbing
faire la fête	to party
le groupe	band
sympa	friendly, nice
faire de l'auto-stop	to hitchhike
les dépenses (f)	expenses
le loyer	rent
la location	rental, hire
libre	free
le salaire	salary
l'auberge de jeunesse (f)	youth hostel

Opinions / Opinions

Tu aimes …? / Vous aimez …?	Do you like …?
Ça te plaît? / Ça vous plaît?	Do you like it?
Oui, j'adore / on adore!	Yes, I/we love it!
C'est très bien.	It's very good/nice.
C'est délicieux.	It's delicious.
Qu'est-ce que tu penses de …?	What do you think of …?
Qu'est-ce que vous pensez de …?	What do you think of …?
Qu'est-ce que tu en penses?	What do you think of it?
Qu'est-ce que vous en pensez?	What do you think of it?
J'aime / On aime beaucoup.	I/We like it a lot/very much.
Bof! / Comme ci, comme ça.	So-so.
Non, pas tellement.	No, not that/very much.
Non, pas du tout.	No, not at all.
A mon avis, …	In my opinion, …
Je trouve que …	I find that …
Je pense que …	I think that …
Je crois que …	I believe that …
(ne pas) être d'accord	to (dis)agree
formidable/génial(e)	great/super
pas terrible	not very good
ennuyeux/-euse	boring
trop de monde	too many people

Faire de l'auto-stop est très économique!

Intentions / Intentions

Je voudrais/J'aimerais …	I would like …
Je pense …	I am thinking of …
J'ai envie de …	I feel like …
J'ai l'intention de …	I intend to …
J'ai hâte de …	I'm looking forward to …
le projet	plan
l'avenir (m)	future
la fuite des cerveaux	brain drain

Travail à deux

1 Le week-end

You and your partner want to organise something for next weekend with some friends, but the information you have about their plans is incomplete. Find out the missing details from each other (be prepared to give information about yourself) and complete the grid below. (Note: **libre** = free.)

	Ben	**Sofia**	**Lili et Jef**	**votre partenaire**
samedi après-midi			libres	
samedi soir	cinéma			
dimanche après-midi	match de foot		visite des parents de Lili	
dimanche soir		libre	libres	

2 Projets de vacances

You are discussing your holiday plans with a friend who has plans of his/her own. Using the following information, state your intentions and opinions and ask about your friend's plans. Your partner will start.

Je ferai du ski pour la première fois!

August

Going on holiday to the West of France.
One of the best places for windsurfing.
Went there last year and enjoyed it.
Really liked the food.
Hope the weather is good.
Weather was excellent last year.
Warm and windy, good for water sports.

December

Going to the States on a skiing holiday.
Have been to the States before.
Never been skiing before.
Think skiing is difficult.
Hope there is a lot of snow.

Travail à deux

1 Le week-end

You and your partner want to organise something for next weekend with some friends, but the information you have about their plans is incomplete. Find out the missing details from each other (be prepared to give information about yourself) and complete the grid below. (Note: **libre** = free.)

	Ben	Sofia	Lili et Jef	votre partenaire
samedi après-midi	travail (supermarché)	courses		
samedi soir		travail (restaurant)	fête	
dimanche après-midi		libre		
dimanche soir	libre			

2 Projets de vacances

You are discussing your holiday plans with a friend who has plans of his/her own. Using the following information, state your intentions and opinions and ask about your friend's plans. You start.

J'aime beaucoup la bière irlandaise!

August

Going on holiday to Ireland for two weeks.
Went to Spain last year but didn't really enjoy it, it was too hot and there were too many people.
You have been to Ireland before, three years ago.
You really love the pubs and think in general that the night life is really good.
The people are also very friendly.

December

Not going on holiday.
Going to stay at home with friends and family.
Really like to be at home for Christmas.
Perhaps spend a weekend in Scotland.
Love the weather – it is always wet and windy!

Exercices supplémentaires

1 Toi et moi

1 Questions

Lisez les questions et trouvez les réponses qui correspondent. The following questions may be used to find out information about someone. Match them with the appropriate response.

E.g. Tu t'appelles comment?

a Vous travaillez à Paris?

b Tu es belge ou suisse?

c Où travaillez-vous?

d Vous êtes française?

e Tu es vendeur?

1 A Paris.

2 Non, je suis belge.

3 Non, réceptionniste.

4 Je suis suisse.

5 Chloé Meunier.

6 Non, à Calais.

2 Une rencontre

Mettez les phrases dans l'ordre pour faire un dialogue. Read a dialogue between two people meeting at a party in Paris and re-order the jumbled text. Then, listen to the recording to check your answer.

a – Ah! Et vous travaillez à Paris?

b – Moi, c'est Fiona.

c – Non, je suis irlandaise.

d – Bonsoir!

e – Je m'appelle Marc. Et vous?

f – Oui, je suis professeur d'anglais.

g – Bonsoir!

h – Ah! Vous êtes anglaise?

3 Ça va?

Traduisez les phrases en français. Translate the following sentences into French.

a Hi! How are you?

b Goodbye, sir.

c I am German (*feminine*).

d Are you (*formal*) American (*masculine*)?

e Are you (*informal*) a student (*feminine*)?

f I live in London but I am from Glasgow.

Salut!

4 Je m'appelle …

Ré-écrivez les passages en utilisant "il" ou "elle". Transpose the following texts from the first person singular **je** to the third person singular **il** or **elle**.

E.g. **Je m'appelle Béatrice et je suis française.** > *Elle s'appelle Béatrice et elle est française.*

a Je m'appelle Natasha. Je suis américaine. J'habite à New York mais je suis de Chicago. Je suis étudiante en histoire de l'art.

b Je m'appelle Bob. Je suis irlandais. J'habite à Belfast mais je suis de Dublin. Je suis technicien.

c Je m'appelle Malika. Je suis marocaine. J'habite à Lille mais je suis de Paris. Je suis serveuse.

d Je m'appelle Luca. Je suis italien. Je suis de Milan mais j'habite à Rome. Je suis acteur.

5 Une conférence

Posez des questions. Listen to the prompts in English on the recording and practise asking the appropriate questions at a conference.

6 Une interview

Lisez l'interview et répondez aux questions. Read an interview with an exchange student, published in the student paper of a French university, and try to understand as much as you can without a dictionary.

> – Roberto, tu as vingt ans, tu es étudiant en philosophie, tu viens de Naples; pourquoi est-ce que tu étudies ici, en France?
>
> – Parce que j'adore la France! J'aime les Français, j'aime la cuisine française, la littérature, le cinéma, … et bien sûr la philosophie: Descartes, Rousseau, Sartre, etc. Et je fais du français depuis l'âge de onze ans. Ma mère est suisse, mais elle ne parle pas français, elle vient de Zurich. Je suis très content en France, les études sont intéressantes et j'ai un travail: je suis serveur dans un restaurant italien!

a How old is Roberto?

b What is he studying?

c Where does he come from?

d Why does he like France?

e When did he start studying French?

f Why doesn't his mother speak French?

g Why does he like his studies?

h What sort of job does he do?

7 Un message

Ecrivez une petite description personnelle. Imagine: you have decided to join an internet chatroom for learners of French and you are sending your first message, introducing yourself to the other members. Write your message, giving as much information as possible.

2 Les autres

1 Encore des questions!

Faites correspondre les questions et les réponses. Listen to the recording to check your answers.

E.g. Tu as quel âge?

1 Tu es mariée?
2 Vous avez des enfants?
3 Il est divorcé?
4 Il a quel âge?
5 Tu as des amis ici?
6 Ah, tu as un fils?
7 Elle a dix ans?

a Oui, un fils.
b Oui, et il a deux enfants.
c Il a douze ans.
d Oui, trois ou quatre.
e Non, mais j'ai un copain.
f Non, douze ans.
g Oui, il s'appelle David.
h J'ai 20 ans.

2 Tu as des frères et des sœurs?

Lisez et complétez le dialogue. Ecoutez la conversation pour vérifier vos réponses.

Laurence Ah, tu habites à Lyon?
Justin Oui, et toi? Où (**a**)_____-tu?
Laurence A Lyon avec mon frère.
Justin Il est (**b**)_____?
Laurence Non, il travaille dans un café. Et toi, tu as un frère?
Justin Non, (**c**)_____ une sœur. Elle s'appelle Danielle.
Laurence Elle est mariée?
Justin Oui, (**d**)_____ mari s'appelle Henri.
Laurence Il travaille?
Justin Non, il (**e**)_____ étudiant en philosophie.
Laurence Ah voici mon copain, au bar avec sa sœur!

3 J'ai deux enfants

Traduisez les phrases en français.

a He's nineteen years old.
b How old are they?
c Do you have brothers and sisters?
d We live with our brother.
e They have a son and a daughter.
f Her daughter is six.
g My boyfriend works with his father.
h Do you live with your parents?

4 Ma famille

Ecrivez quelques phrases sur votre famille. Using the language you have seen so far, write a few sentences about your family.
E.g. J'ai un fils ...

5 Un sondage

You are studying town planning in France and you are conducting a survey (**un sondage**) in the streets of Calais. Listen to the prompts in English on the recording and then practise asking the appropriate questions about work, family and home.
(Note: flat = **un appartement**, house = **une maison**, sorry! = **pardon!**)

6 Un e-mail

Lisez l'e-mail et écrivez une réponse. You have received the email below from your new friend. Read it and write a suitable response.

> Salut!
>
> C'est moi, Alain, ton correspondant français. J'ai dix-huit ans, j'habite à Lille et je suis étudiant en informatique. J'habite avec mes parents, ma soeur Julie et ma grand-mère. J'ai une copine, elle s'appelle Tania, elle est russe et elle a dix-neuf ans. Elle est à l'université avec moi. Sa famille habite à Moscou. Et toi, quel âge as-tu? Tu as des frères et des sœurs? Tu habites avec tes parents? Tu as un copain/une copine? Ecris-moi vite!
>
> A bientôt,
> Alain

7 Qu'est-ce que tu veux?

Mettez les mots dans l'ordre pour faire des phrases.
a sandwich / vous / un / voulez?
b boire / chose / veux / quelque / à / tu?
c pour / merci / non / moi / pas.
d café / veux / un / tu?
e moi / chaud / un / chocolat / pour.

8 Un(e) vieil(le) ami(e)

Imaginez une conversation avec un(e) vieil(le) ami(e). You are in a café and have just bumped into an old friend. Imagine what type of conversation might ensue, then write a dialogue in French.

Say hello.
Ask how s/he is.
Offer him/her a drink.
Ask if s/he would also like something to eat, etc.

Voilà ton café

3 Temps libre

1 Qui fait quoi?

Remplissez la grille. Around the world, different people are doing different things at different times. Listen to the recording to find out about them and fill in the grid below in English.

		place	time	activity
a	Mr and Mrs Durand	Paris	12:30	having lunch
b	Marianne Pottier			
c	Alain Laforêt			
d	Michel Dubinge			
e	Samia Tarouch			
f	Marcel Dijan			

2 Un e-mail

Lisez l'e-mail et complétez les phrases. Read the email below from an English student to her French friend and fill in the gaps with the missing words. (Note: **les devoirs** = assignment.)

A: assia2@yahoo.fr
Objet: Bonjour!

Chère Assia,

Comment vas-tu? Bien, j'espère.

Je **(a)**_____ étudiante depuis octobre et j'aime l'université. Le jeudi je
(b)_____ les cours à 11 heures et je **(c)**_____ à 3 heures. Je prends
(d)_____ déjeuner à la cafétéria de l'université avec Daniel. Je mange
toujours **(e)**_____ spaghettis, c'est délicieux! L'**(f)**_____-midi nous allons
à la bibliothèque pour finir **(g)**_____ devoirs de la semaine. Ensuite, nous
(h)_____ le train pour aller à la piscine. Je vais à la piscine le lundi soir, le jeudi
après-midi et le samedi matin. Aujourd'hui, je **(i)**_____ le ménage et demain je
(j)_____ à Londres. Je prends le train à 6 heures et j' **(k)**_____ à 11 heures.
J'aime beaucoup ma vie d'étudiante ici. Ecris-moi vite!

Sandy

3 Une petite annonce

a **Lisez et écoutez les descriptions personnelles.** Read through the descriptions below in a lonely hearts column, then listen to the same five people describing themselves and decide who is who.

Pierre   Bruno   Anya   Stéphanie   Roger

1 Jeune femme, 22 ans, intelligente et active, aime lire, aller au théâtre et faire du sport (squash, aérobic).

2 Homme, 45 ans, intelligent et riche, aime le théâtre, l'opéra, la musique classique et les promenades dans la nature.

3 Jeune homme, 28 ans, tendre et sportif, aime écouter de la musique, faire du sport et sortir en boîte.

4 Femme, 39 ans, dynamique et aventureuse, aime le travail, les voyages, les hommes et l'aventure.

5 Homme, 62 ans, tendre, sens de l'humour, aime faire la cuisine et le ménage, aller au théâtre et à l'opéra.

b **Lisez les descriptions encore une fois et trouvez le/la partenaire idéal(e).** Play Cupid and find a suitable partner for the following people:

i Jeanne, 29, very dynamic, loves sport.

ii Louis, 40, hardworking, loves travelling.

iii Jules, 25, very bright, loves culture.

iv Marie, 59, very gentle, loves opera.

v Isabelle, 42, sophisticated, loves playing the piano.

c **Ecrivez votre propre petite annonce.**

J'aime la musique

4 J'ai un problème!

Faites correspondre les phrases. Match the problem in English with the appropriate advice in French. (Note: **essayer** = to try.)

1 I watch too much television.
2 I have not got any food.
3 I can't do it.
4 I have not got any money.
5 I am not very fit.
6 I am really tired.

a Tu dois aller au supermarché.
b Vous devez aller au lit.
c Tu dois faire du sport.
d Vous devez arrêter.
e Vous devez aller à la banque.
f Vous devez essayer.

4 En ville

1 C'est loin?

Mettez les phrases dans l'ordre pour faire un dialogue.

a C'est où, la rue George Sand?

b Non, c'est à dix minutes environ.

c Mais, je vous en prie.

d Pardon, monsieur?

e Oui, dans la rue George Sand.

f Oui?

g C'est loin?

h Alors, vous prenez la troisième rue à gauche, puis la première à droite, et c'est là.

i Merci beaucoup!

j Est-ce qu'il y a un supermarché près d'ici?

2 L'intrus

Trouvez l'intrus. Find the odd one out.

a rue / avenue / place / garage / boulevard

b tourner / lire / prendre / traverser / aller

c boulangerie / épicerie / supermarché / bibliothèque / boucherie

d entre / devant / puis / derrière / sur

En vacances

3 Pardon madame!

Lisez les réponses et écrivez les questions.
Ex. La rue des Mimosas? C'est la deuxième à droite. > *Pardon, vous savez où est la rue des Mimosas?*

a L'office de tourisme? Alors, vous prenez la deuxième rue à gauche, et c'est en face, sur la gauche.

b Oui, il y a une poste à deux minutes d'ici, dans la rue des Combattants.

c Ah non, elle n'est pas à côté de la gare, elle est en face.

d Non, c'est à cinq minutes.

4 En vacances

On holiday in France, you have just arrived in a little town. You go into the tourist office to get a map and find out about a hotel, restaurants and other places of interest. Listen to the prompts in English before taking your turn in the conversation. (Note: a map of the town = **un plan de la ville**.)

5 Je n'aime pas trop …

Look at the following list of clothes and, using the (✓) or (✗) signs as indicators, state whether or not you like each item.

E.g. **Vous aimez la jupe?** (✓)   >   *Oui, je l'aime bien.*
     Tu aimes le pantalon? (✗)   >   *Non, je ne l'aime pas.*

a Vous aimez la chemise? (✓)   **d** Ils aiment le sweat? (✓)

b Tu aimes le manteau? (✗)   **e** Est-ce qu'il aime le jean? (✓)

c Est-ce qu'elle aime la veste? (✗)   **f** Vous aimez les chaussures? (✗)

6 Mots cachés

Trouvez les noms de 20 aliments et boissons dans la grille.

H	H	S	P	O	M	M	E	E	C	V	C
U	F	E	C	H	O	C	O	L	A	T	S
I	F	R	O	M	A	G	E	D	R	J	A
L	R	B	L	A	P	A	I	N	O	I	U
E	U	Y	T	U	T	O	M	A	T	E	C
V	I	A	N	D	E	R	R	S	T	S	I
M	T	O	U	F	L	P	A	T	E	S	S
C	S	U	D	E	A	U	I	E	G	I	S
K	M	R	I	Z	I	N	S	U	C	R	E
P	R	T	V	Z	T	V	I	N	A	C	S
E	G	B	O	N	B	O	N	S	I	L	N
P	S	H	S	A	P	O	I	S	S	O	N

Au marchand de fruits

5 En route

1 Quelle est la question?

Reliez les questions avec les réponses ci-dessous.

a Pendant les vacances? Eh bien, je vais aller en Espagne, chez mon copain.

b Oui, à San Francisco.

c Attendez … il part à 10h32.

d Alors … il arrive à Lille à 20h56.

e Ça fait 124 euros.

f Quai numéro 3.

g J'y vais en métro, en général.

h Vous devez aller à la porte numéro 12.

1 Comment allez-vous au travail?

2 C'est sur quel quai?

3 A quelle heure part le train?

4 Qu'est ce que tu vas faire pendant les vacances?

5 Je dois aller où?

6 Ça fait combien?

7 A quelle heure arrive le train?

8 Ils habitent aux Etats-Unis?

2 Pêle-mêle!

Les phrases ci-dessous sont mélangées. Remettez-les dans l'ordre pour faire un dialogue.

a Le train part à 14h35.

b Je voudrais un billet, aller-retour, pour Avignon, s'il vous plaît. C'est combien?

c Alors, 45 euros.

d Seconde classe, pardon.

e Alors, c'est le quai numéro 3.

f Alors, c'est un peu plus loin, sur votre gauche là-bas.

g Bon. Merci beaucoup. Au revoir.

h Oui. Et à quelle heure part le prochain train, s'il vous plaît?

i Un aller-retour pour Avignon, c'est …

j Et c'est quel quai?

k Quai 3 … où est-ce que c'est?

Voyager en train, c'est très simple en France

3 Un aller simple, s'il vous plaît

You are at the coach station in Limoges and you want to go to Saint-Vaury, a village near Guéret. Listen to the prompts in English before taking your turn in the conversation.

4 Cher Ben …

Voici un e-mail qui est mélangé. Lisez-le et remettez les paragraphes dans l'ordre.

Cher Ben

a Ensuite, nous allons voir un ami qui habite à Madrid, nous allons prendre le train rapide pour y aller. Il faut réserver à l'avance pour avoir une place. Matthias veut aller au Portugal pour voir son copain Carlos.

b Comment vas-tu?
Je suis à Paris jusqu'à dimanche et après … les vacances! Je suis très content. Je vais partir avec mes deux copains Dino et Matthias. Dino est de Rome et Matthias habite en Corse avec ses parents mais il étudie à Paris.

c Il habite à côté de Lisbonne, alors nous allons prendre le car, c'est moins cher! Carlos est en vacances et il va nous faire visiter les petits villages portugais en vélo. C'est une bonne idée mais je ne suis pas très sportif! Et toi? Qu'est-ce que tu vas faire et où vas-tu aller pendant les vacances? Tu peux venir avec nous si tu veux.

d Nous voulons aller dans le sud de l'Europe pour commencer. Je vais prendre le train avec Dino jusqu'à Irún en Espagne et Matthias va arriver en avion à Bilbao. Il faut aller le chercher à l'aéroport. Nous voulons visiter le Pays basque et aller à la plage pendant quelques jours.

A bientôt.
Stéphane

 5 Problèmes de transport

Remplissez les blancs et puis écoutez pour vérifier vos réponses.

Ce soir je vais (**a**)_____ au cinéma avec mes amis. D'habitude nous (**b**)_____ allons (**c**)_____ métro mais cette semaine il y a une (**d**)_____ du métro à Paris. Alors il (**e**)_____ trouver un autre moyen de transport et (**f**)_____ pouvons y aller (**g**)_____ voiture. Le film commence (**h**)_____ 20h30 mais il (**i**)_____ partir de la maison vers 19h parce qu'il y a beaucoup de circulation. Nous prenons la voiture de (**j**)_____ copine Céline parce que ma voiture est (**k**)_____ panne. J'espère que nous allons arriver (**l**)_____ l'heure.

6 A l'hôtel

1 A la réception

Lisez le dialogue et remplissez les blancs. Ecoutez pour vérifier vos réponses.
Read the following dialogue and fill in the gaps. Listen to the recording to check your answers.

– Bonjour, je **(a)**_____ réserver trois chambres.
– C'est à **(b)**_____ nom?
– Au **(c)**_____ de Poussin.
– Pour **(d)**_____ de nuits?
– Pour trois nuits.
– Pour combien de **(e)**_____?
– Pour six.
– Vous voulez des **(f)**_____ simples?
– Oui, s'il vous **(g)**_____. Combien ça fait?
– La chambre **(h)**_____ 100€, alors trois chambres ça **(i)**_____ 300€.
– Vous **(j)**_____ les cartes de crédit?
– Oui, pas de problème.

2 A l'hôtel

Ecrivez les phrases ci-dessous en français.

a Is there a private car park?
b Where is the lift, please?
c What time is breakfast?
d I have a problem with my room.
e There aren't any towels in the bathroom.
f The lift on the third floor does not work.

Un hotel en Belgique

3 Où est l'intrus?

Lisez les listes de vocabulaire et trouvez l'intrus.

a chambre / douche / barbecue / téléphone
b salon / piscine / cuisine / WC
c janvier / printemps / juin / août
d réserver / prendre / se lever / vouloir
e réservation / piscine / sauna / parking

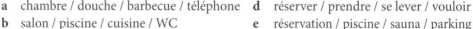

4 Comment ça s'écrit?

Ecoutez les conversations téléphoniques et notez comment les clients épellent leur nom.

a …
b …
c …
d …

5 Une réservation

Écrivez un e-mail pour réserver une chambre, en utilisant les informations ci-dessous. L'e-mail de Paula Daniels vous est donné comme modèle.

– one room for three people
– one double bed/one single bed
– bathroom if possible
– from 3 August until 6 August
– Is there satellite television/a restaurant in the hotel?
– How much is the set meal?

A: reservations@hotelvictoire.fr
Objet: Réservation pour Daniels

Monsieur,

Je voudrais réserver deux chambres pour deux personnes du 15 août au 23 août. Je voudrais une chambre avec deux lits simples et salle de bains et une chambre avec un lit pour deux personnes. Si possible avec vue sur la mer. Est-ce qu'il y a un parking dans l'hôtel?

Merci,
Paula Daniels

---

6 Bienvenue chez moi!

Décrivez votre maison ou appartement, les étages, les salles, les meubles … Vous pouvez aussi décrire ce qui ne fonctionne pas!

7 Ça ne marche pas!

Take part in a conversation at a hotel reception. In the first part you will be making a booking and in the second part a complaint. Take your turn in the conversation when you are prompted in English.

Les réceptionnistes sont à votre disposition …

7 Sortir ensemble

1 Au téléphone

Traduisez en français les conversations téléphoniques ci-dessous.

a
– Hello.
– May I speak to Helen, please?
– Hold on, I'll pass you over.
– Thanks.

b
– Hello.
– Is Fatima there?
– Sorry, she isn't here.
– Can I leave a message?

c
– Hello.
– Hello, I'd like to speak to Ben, please.
– Sorry, he isn't here.
– OK, I'll call back later.
– OK, that's fine.

d
– Hello.
– Could I speak to Katarina, please?
– Speaking.
– Hello, it's Florence.

2 Tu veux sortir?

Remplissez les blancs, puis écoutez pour vérifier vos réponses. Attention: certains blancs peuvent contenir plusieurs mots.

– Allô.
– Salut, Carl, **(a)**_____ Claudia.
– Salut, ça va?
– Oui bien merci. **(b)**_____ tu fais ce week-end?
– Euh … rien.
– Ça te **(c)**_____ de sortir samedi soir?
– Oui, pourquoi pas.
– On **(d)**_____ aller au cinéma.
– Bonne idée.
– A quelle heure?
– On **(e)**_____ devant le cinéma à 7h?
– Entendu. A samedi soir.
– Oui, à samedi, au revoir.

> Organiser une sortie

3 Il est comment?

Your colleague is about to meet two visitors, Brigitte Dupont and Marc Gérrard, at Charles de Gaulle airport. He has never met them before and asks you to describe them.

Listen to the prompts in English before taking your turn.

4 Elle est très belle!

Lisez les descriptions ci-dessous et écrivez des phrases complètes.

a Isabelle: 25 ans, française, petite, cheveux blonds, longs, yeux bleus

b Alan: 33 ans, anglais, grand, mince, cheveux bruns, yeux verts, moustache, barbe

c Joshua: 50 ans, américain, très grand, gros, cheveux noirs, courts, yeux bleus, lunettes

d Sinead: 17 ans, irlandaise, grande, mince, cheveux roux, yeux verts, taches de rousseur

5 Au restaurant

Reliez les questions et les réponses.

1	Qu'est-ce que c'est, l'entrée du jour?	a	Non, je ne mange jamais de dessert.
2	Comment voulez-vous votre steak?	b	Oui, un petit peu, s'il te plaît.
3	Vous avez choisi?	c	Essayez l'assiette de crudités.
4	Vous voulez du gâteau?	d	Oui, on en prend une bouteille.
5	Tu en veux?	e	Pas encore.
6	Vous avez une entrée végétarienne?	f	Saignant, s'il vous plaît.
7	Vous prenez du vin?	g	C'est de la soupe.

6 Où est l'intrus?

Lisez chaque liste de vocabulaire et trouvez l'intrus!

a gâteau / steak / glace / pâtisserie / fruit

b saucisson / agneau / steak / truite / poulet

c tomate / pomme / carotte / oignon / salade

d dessert / addition / entrée / plat principal

7 Pêle-mêle!

Voici une conversation au restaurant, mais toutes les phrases sont mélangées. Mettez-les dans l'ordre. Ecoutez pour verifier vos réponses.

a Et comme plat principal, monsieur?

b D'accord, je la prends.

c Oui, monsieur, vous avez choisi?

d Et comme dessert?

e Je ne prends pas de dessert.

f Oui, euh … qu'est-ce que c'est, l'entrée du jour?

g C'est une salade niçoise. C'est très bon.

h Très bien. Vous prenez du vin peut-être?

i Comme plat principal, je vais prendre la truite aux amandes, s'il vous plaît.

j Un verre de vin blanc, s'il vous plaît.

k Monsieur, s'il vous plaît!

8 Vacances et loisirs

1 Un week-end super!

Traduisez les phrases en français.

a We have had an excellent weekend.
b What did you (= **tu**) do on Saturday night?
c I couldn't come because I had to work.
d They (*m*) have had a problem with their car.
e Lucie loved Paris, she visited all the museums.
f I haven't seen the film, but I have read the book.

Lucie devant la tour Eiffel

2 Ma semaine

Décrivez la semaine que vous avez passée: regardez votre agenda et écrivez quelques phrases. Utilisez ces verbes: avoir, dîner, étudier, faire, jouer, travailler et voir.

Lundi 17	10h00–12h00 cours d'anglais / 2h00–5h00 séminaire
Mardi 18	Etude à la bibliothèque
Mercredi 19	9h00–10h30 cours de chimie / 8h00 dîner chez Marc
Jeudi 20	Travail à la maison: dissertation
Vendredi 21	9h30–12h30 cours de maths / courses en ville
Samedi 22	3h00 match de foot
Dimanche 23	Tennis avec Mimi

3 J'ai eu un petit problème

Mettez les mots dans l'ordre pour faire des phrases.

a raté / ils / dernier / le / ont / métro.
b restaurant / un / mangé / j' / bon / dans / ai.
c as / que / qu' / tu / ce / fait / est / ?
d très / nous / week-end / passé / avons / bon / un.
e voiture / il / sa / a / eu / avec / problème / un.
f pas / a / venir / n' / pu / nous / elle / avec.

Un pneu crevé

140

4 Tu as reçu ma carte?

Lisez l'e-mail et complétez les phrases.

A: amalia.lemercier@hotmail.fr
Objet: Retour d'Inde

Salut Amalia!

Comment ça va? Est-ce que tu as reçu ma carte d'Inde? Je suis partie pendant un mois, avec **(a)**_____ copain Alex. On est d'abord **(b)**_____ à Delhi; c'est une ville fascinante mais très **(c)**_____ et polluée. On a aussi **(d)**_____ le Taj Mahal à Agra, à l'est de Delhi. Après, on a **(e)**_____ le train pour aller à Goa, sur la côte. C'est très touristique, mais on **(f)**_____ pu nager et se faire bronzer. Il a **(g)**_____ très chaud pendant deux semaines et puis la saison des pluies a commencé. On a **(h)**_____ les derniers jours à l'hôtel. On a lu, on a **(i)**_____ du poisson et des fruits de mer et on **(j)**_____ allés au marché: on a trouvé **(k)**_____ de jolies choses pour les amis. On a vraiment adoré **(l)**_____ Inde; on a **(m)**_____ d'y retourner l'année prochaine, peut-être dans le sud cette fois. Et toi, qu'est-ce que tu **(n)**_____ fait cet été?

Bisous,
Carole

---

5 Moi, j'ai travaillé …

Ecrivez une réponse à l'e-mail de Carole.
Your email should contain the following:

– thank Carole for her email;
– you have also been to India, two years ago, and you loved it;
– this year, you stayed in Lille during the summer because you had to work;
– you found a job in a restaurant and you worked there for one month;
– in August, you had to study because you have exams next week;
– fortunately, you met an old friend and you did lots of things together in the evenings, so you had a good summer.

6 Je reviens de vacances

You have just come back from a holiday in Cornwall (**la Cornouaille**) and you are talking about it with a friend who has also been away. Listen to the prompts in English before taking your turn in the conversation.

Education et expérience

1 Une nouvelle vie en France

You have recently moved to Lille and are talking to a friend about your first impressions of life in France. Listen to the prompts in English before taking your turn.

2 Je suis bien installé

Mettez les mots dans l'ordre pour faire des phrases.

a six / à / mois / travaillent / Brighton / ils / depuis.

b ans / à / habité / j' / Londres / ai / pendant / six.

c en / ai / commencé / études / 2015 / j' / mes.

d je / terminées / dernière / année / les / ai / l'.

e trouvées / ai / je / intéressantes / très / les.

f langues / je / inscrite / en / suis / me / de / cours.

g France / en / suis / bien / me / je / installé.

3 Entretiens

Ecoutez 3 entretiens et complétez la grille en anglais.

	degree	work experience	plans for future
Nadine			
Kofi			
Elizabeth			

Enchanté!

4 Un bon profil

Ecoutez une jeune femme parler de son éducation et de son expérience personnelle et complétez le texte.

J'ai **(a)**_____ mes études en juillet 2015. J'ai une **(b)**_____ de sciences naturelles et de 2013 à 2015, j'ai **(c)**_____ un master de biologie marine à l'université de Nice. **(d)**_____ septembre 2015 je travaille aux Etats-Unis comme chercheuse. Je suis bilingue français-arabe, et j'ai aussi une bonne **(e)**_____ de l'anglais. Il y a trois ans, je **(f)**_____ suis **(g)**_____ en cours d'espagnol. J'ai **(h)**_____ à tous mes examens et je dirais que je parle bien et je **(i)**_____ débrouille à l'écrit. J'aime aussi faire du sport, surtout de la planche à voile et de la natation.

5 Un CV

Ecrivez votre CV.

Nom:

Date de naissance:

Nationalité:

Adresse:

Formation:

Expérience professionnelle:

Divers:

Centres d'intérêt:

10 Projets d'avenir

1 Mes projets d'avenir

Mettez les mots dans l'ordre pour faire des phrases.

a un / voudrais / à / pendant / an / je / étranger / l' / partir.

b Angleterre / peut-être / anglais / l' / irai / j' / pour / en / étudier.

c intention / traduction / master / ai / l' / de / un / en / j' / faire.

d chercherai / aurai / travail / diplôme / je / j' / mon / quand / du.

e j' / ai / internationale / travailler / une / de / envie / organisation / pour.

f trouverai / bien / je / espère / payé / j' / que / un / travail.

2 J'en ai marre!

Sonny a presque fini ses études et écrit un e-mail à son ami Alain. Lisez-le et répondez aux questions en anglais. (Note: **un mémoire** = dissertation; **j'en ai marre (de)** = I'm fed up (with).)

Sonny travaille dur!

A: alaingodet@orange.fr
Object: Presque la fin!

Salut Alain!

Comment ça va? Moi, je travaille dur en ce moment: les examens commencent bientôt et en plus, j'ai deux dissertations à finir et je dois rendre mon mémoire de fin d'études! Mais, encore deux mois, et c'est FINI! J'ai des difficultés à imaginer la vie après l'université, mais je suis vraiment impatient de faire autre chose. Je trouve que les études universitaires durent trop longtemps. J'en ai marre d'étudier, j'ai envie de voir le monde et de travailler, de gagner de l'argent et d'être enfin indépendant! J'espère trouver du boulot dans une autre ville, plus petite que Londres. Ici, c'est trop grand, il y a trop de gens, trop de pollution et tout coûte cher. Mais avant ça, j'ai l'intention de prendre de longues, longues vacances! Le seul problème, c'est l'argent. Il va falloir que je travaille pendant l'été pour gagner assez pour acheter un billet d'avion pour une destination exotique … Et toi, quelles nouvelles? Est-ce que tu en as aussi marre de la fac? Quels sont tes projets pour l'année prochaine?

A bientôt,
Sonny

a Why is Sonny very busy at the moment?
b When is he going to finish his studies?
c How does he feel about his studies?
d What does he want to do afterwards?
e What does he think about London?
f What does he need to do during the summer? Why?

3 Eh bien moi …

Ecrivez une réponse à l'e-mail de Sonny. Dans votre e-mail:

– parlez de vos études, par exemple: intéressantes/difficiles/quelle année/etc.
– dites où vous voulez habiter après vos études (dans la même ville ou ailleurs) et pourquoi
– parlez de vos projets d'avenir: ce que vous allez faire pendant les vacances et après l'université.

4 Conversation avec un professeur

Ecoutez la conversation et répondez aux questions en anglais.

a What does the lecturer congratulate Emily for?
b What does she say about Emily as a student?
c What does Emily say about her as a lecturer?
d What are Emily's plans for the future?
e How will she manage with her living expenses (**dépenses**)?

Emily était une étudiante modèle

Guide to grammatical terms

Language learners often feel unsure about grammatical terms. The following list gives some simple definitions. Examples are <u>underlined</u>, and terms used which are defined elsewhere in the list are given in *italics*. Examples are drawn from English: reference is made to French only when something distinctive about that language needs to be noted. This guide is concerned only with the meanings of grammatical terms: there is a French Grammar summary beginning on page 148.

Adjective A word used to describe a *noun* ('an <u>interesting</u> woman'; 'the curry is <u>hot</u>'). See also *demonstrative adjective, possessive adjective*.

Adverb A word which describes the action of a *verb* ('she sings <u>beautifully</u>', 'he cooks <u>well</u>') or modifies (= gives further information about) an *adjective* ('it's a <u>really</u> expensive car') or another adverb ('she sings <u>really</u> well').

Agree In English, *adjectives* and *articles* don't change their form but in French they have to agree with the *noun* they are describing in *gender* and *number*: if the noun is feminine, the adjective and the article must be in the feminine form, if the noun is plural, so are the adjective and the article.

Article <u>The</u> (called the definite article), <u>a</u> or <u>an</u> (the indefinite article).

Auxiliary verb A *verb* combining with another verb to form a compound tense. ('She <u>has</u> gone' = auxiliary verb; 'to have' here used to form the perfect tense by combining with the *past participle* of the verb 'to go'.)

Comparative Form of an *adjective* ('that room is <u>bigger</u> than this one'; 'they've bought a <u>more expensive</u> car') or adverb ('it happens <u>more often</u> than you think') expressing a greater degree.

Conjunction A word which joins parts of a sentence ('he was tired <u>and</u> he wanted to go home'; 'they arrived early <u>because</u> they wanted a good place').

Demonstrative adjective These 'point out' *nouns* (<u>this</u> chair/<u>these</u> chairs; <u>that</u> house/<u>those</u> houses).

Direct object The word which directly undergoes the action of the verb. In the sentence 'she sent her mother a present', what she sent was a present, so that is the direct object. She didn't send her mother! See also *indirect object*.

Gender In French, all *nouns* have a grammatical *gender*, masculine or feminine, and *adjectives* and *articles* have to *agree*.

Imperative *Verb* form used in giving commands and instructions ('<u>Turn</u> left now!').

Indirect object A secondary *object*. In the sentence 'she sent her mother a present', the *direct object*, the thing which is sent, is the present. It was sent to her mother, the indirect object.

Infinitive The basic form of a *verb* ('to sing'; 'to write').

Irregular verb *Verb* that doesn't follow a standard pattern.

Noun Word denoting a person ('student'), thing ('book') or abstract idea ('happiness').

Number Whether a word is *singular* or *plural*.

Object The *noun* or *pronoun* which undergoes the action of the *verb*. 'We bought a house'; 'I saw him'.

Object pronoun *Pronoun* used when it is the *object* of the *verb*. Me, you, him, her, it, us, them.

Past participle Part of the *verb* which combines with an *auxiliary verb* to form the perfect tense ('they have arrived'; 'I have seen').

Plural More than one: the plural of 'man' is 'men'.

Possessive adjective e.g. 'my house', 'your friend', 'his car'.

Preposition e.g. 'on the table', 'under the chair', 'to the station', 'for the teacher'.

Pronoun Word taking the place of a *noun*. 'Peter saw the waitress' becomes 'he saw her'.

Reflexive verb In French, a *verb* formed with an extra pronoun (called a reflexive pronoun). E.g. se laver (to get washed): je me lave, il se lave, vous vous lavez.

Regular verb *Verb* that follows a standard pattern.

Relative pronoun *Pronoun* used to refer back to a noun earlier in the sentence, e.g. 'the man who lives there is very old'; 'the book which he chose ...'; 'the woman/film that he saw...'.

Singular One rather than many: the singular of 'bananas' is 'banana'.

Subject Who or what carries out the action of the verb. 'A student sent me this email'; 'we are travelling next week'; 'the letter arrived yesterday'.

Subject pronoun Pronoun used when it's the *subject* of the *verb*: I, you, he, she, it, we, they.

Tense Form taken by a *verb* to show when the action takes place, e.g. Present tense: 'they live in New York'; Past tense: 'they lived in New York'; Future tense: 'they will live in New York'.

Verb Word indicating an action ('they ate their dinner') or state ('the book lay on the table'). Different *tenses* are used to show when something happened. See also *irregular verb*, *reflexive verb*, *regular verb*.

Grammar summary

In this section, you will find a summary of the grammar points covered in the book, as well as some supplementary information and verb tables. For a more detailed explanation of the different points, please refer to the grammar pages in each unit (given in brackets). If you are not familiar with grammatical terms, you will probably find the 'Guide to grammatical terms' on the previous two pages very useful as an introduction to this section.

1 Nouns – masculine and feminine ▶(see page 8)

In French, nouns are masculine (**m**) (e.g. **le jour**) or feminine (**f**) (e.g. **la nuit**). Their ending can sometimes give an indication of their gender. The following are generally <u>feminine</u>:
- a majority of nouns ending in -e: e.g. **la piscine**, **la chose**;
- nouns ending in -ie: e.g. **l'épicerie**, **la biologie**;
  -ion: e.g. **l'opinion**, **l'éducation**;
  -té: e.g. **la nationalité**, **la société**.

The following are generally <u>masculine</u>:
- nouns ending in -c, -f, -l, -r: e.g. **le vol**, **le bar**;
  -age: e.g. **le chômage**, **le garage**;
  -ment: e.g. **le renseignement**, **le changement**.

But there are many exceptions: e.g. **le musée**, **la mer**.
Most words used to refer to people have a masculine and a feminine form, the feminine form usually having an extra -**e** at the end: e.g. **l'ami**, **l'amie**.

2 Nouns – plural

Most nouns form their plural (i.e. when they refer to more than one person or thing) by adding an -**s** (e.g. **le livre**, **les livres**). Contrary to the plural 's' in English, it is not pronounced in French.
Notable exceptions are:
- nouns ending in -**s**, -**x**, or -**z**, which do not change: e.g. **le pays**, **les pays**;
- nouns ending in -**au**, -**eau** or -**eu**, which take an -**x**: e.g. **le bateau**, **les bateaux**;
- many nouns ending in -**al**, which have their plural in -**aux**: e.g. **le journal**, **les journaux**.

3 Articles ▶(see pages 20, 32, 46 and 72)

There are three main kinds of articles:
The definite article, **le**, is used to refer to a person or thing which is known by the person you are talking to, either because it is specific (e.g. **la France**; **le livre qui est sur la table**) or because it is generic (e.g. **le mardi** – every Tuesday; **j'aime les maths** – maths in general). The different forms are:
- **le** with a masculine word (e.g. **le pain**);
- **la** with a feminine word (e.g. **la chemise**);
- **l'** with a word starting with a vowel, masculine or feminine (e.g. **l'enfant**);
- **les** with a plural word, masculine or feminine (e.g. **les lunettes**).

The indefinite article, **un**, is used when the person or thing referred to is not specified (e.g. **un livre**; **il a des amis français**). The different forms are:

- **un** with a masculine word (e.g. **un cours**);
- **une** with a feminine word (e.g. **une lettre**);
- **des** with a plural word, masculine or feminine (e.g. **des chaussures**).

Du is used to refer to an uncountable quantity (e.g. **j'ai mangé du poulet** – compare with **j'aime le poulet** and **j'ai acheté un poulet**). The different forms are:
- **du** with a masculine word (e.g. **du vent**);
- **de la** with a feminine word (e.g. **de la chance**);
- **de l'** with a word starting with a vowel, masculine or feminine (e.g. **de l'eau**).

4 Demonstratives ▶ (see page 46)

Ce is used when referring to a person or thing by pointing them out. The different forms are:
- **ce** with a masculine word (e.g. **ce pull**);
- **cet** with a masculine word starting with a vowel (e.g. **cet après-midi**);
- **cette** with a feminine word (e.g. **cette année**);
- **ces** with a plural word, masculine or feminine (e.g. **ces gens**).

5 Possessives ▶ (see page 20)

Like the articles and the demonstratives, they agree with the noun that follows, i.e. the person or thing they refer to (e.g. **mon vélo**, **mes disques**). For the different forms, see page 20.
Note: possession can also be expressed using **le, la, l', les** + **de**: e.g. **C'est la copine de Paul? Non, c'est sa sœur.**

6 Interrogatives ▶ (see page 54)

Quel (which) is used to ask information about someone or something. The different forms are:
- **quel** with a masculine word (e.g. **Quel âge as-tu?**);
- **quelle** with a feminine word (e.g. **Quelle heure est-il?**);
- **quels** with a masculine word in the plural (e.g. **Quels sont tes plats préférés?**);
- **quelles** with a feminine word in the plural (e.g. **Quelles boucles d'oreille préférez-vous?**).

7 Adjectives ▶ (see pages 46 and 72)

Adjectives are used to describe a person or a thing (e.g. **un type sympa**, **un travail ennuyeux**). Most adjectives come after the noun in French, but there are many exceptions. For example, a number of short and common adjectives come before the noun:

bon(ne)	grand(e)	long(ue)	vieux/vieille	beau/belle
mauvais(e)	petit(e)	court(e)	jeune	joli(e)
nouveau/-elle	gentil(le)	premier/-ère		
gros(se)	haut(e)	deuxième		

Some adjectives can be placed before the noun to give a particular emphasis: e.g. **C'est une excellente idée!**

Adjectives agree in gender (masculine or feminine) and number (singular or plural) with the noun they describe (e.g. **des étudiantes chinoises**). The most common patterns for the endings of adjectives are as follows:

masculine singular	feminine singular	masculine plural	feminine plural
grand	**grande**	**grands**	**grandes**
jeune	**jeune**	**jeunes**	**jeunes**
premier	**première**	**premiers**	**premières**
anglais	**anglaise**	**anglais**	**anglaises**
furieux	**furieuse**	**furieux**	**furieuses**
ancien	**ancienne**	**anciens**	**anciennes**

But many common adjectives are irregular: e.g. **long, longue**; **blanc, blanche**.

Note: the following adjectives, which come before the noun, have a different form in the masculine singular when the noun starts with a vowel or a silent **h**:
– **beau** > **bel** (e.g. **un bel homme**)
– **nouveau** > **nouvel** (e.g. **le nouvel an**)
– **vieux** > **vieil** (e.g. **un vieil ordinateur**)

<u>Comparisons</u>: to compare one person or thing with another, the following structure is used:
    plus (more) / **moins** (less) / **aussi** (as) + adjective + **que**
For example,   **Ce film est <u>plus</u> long** (longer) **<u>que</u> l'autre.**
                  A la campagne, la vie est <u>moins</u> chère (less expensive) **<u>qu'</u>à Paris.**
                   Tu trouves que le vin italien est <u>aussi</u> bon (as good) **<u>que</u> le vin français?**
Note that **plus** and **bon** cannot be used together, **meilleur** (better) is used instead: e.g. **Elle a eu de <u>meilleurs</u> résultats que l'année passée.** (Similarly, **mieux** (better) is used instead of **plus** and the adverb **bien**: e.g. **Je travaille <u>mieux</u> à la bibliothèque qu'à la maison.**)

8 Pronouns ▶ (see pages 46, 60, 84, 108 and 120)

Pronouns are used instead of nouns to avoid:
- mentioning the noun if it is obvious who or what is being talked about: e.g. **Mon père arrive demain. <u>Il</u> habite à Paris.**
- repeating the noun if it has already been mentioned: e.g. **Tu connais Marie? Oui, bien sûr, je <u>la</u>** (= Marie) **connais bien.**

There are many pronouns to choose from, depending on their function in the sentence, the words that introduce them and the person or thing they refer to.
Here are those covered in this book:

function	singular	plural	examples
subject	**je, tu, il, elle, on**	**nous, vous, ils, elles**	**<u>On</u> va au cinéma.** **<u>Vous</u> venez avec nous?**
object – direct (i.e. not introduced by a preposition)	**me, te, le, la**	**nous, vous, les**	**Je <u>la</u> vois tous les jours.** **Tu peux <u>nous</u> appeler la semaine prochaine?**

function	singular	plural	examples
object – indirect ● introduced by **à** ● can be a <u>person</u>, <u>thing</u> or <u>place</u>	**me, te, lui** **y**	**nous, vous, leur** **y**	**Il t'a parlé?** **Nous y allons demain.**
object – indirect ● introduced by an expression of quantity ● can be a <u>person</u> or <u>thing</u>	**en**	**en**	**J'en ai trois, et vous?**
stressed pronoun ● introduced by a preposition like **chez**, **pour**, **avec**, etc. (come <u>after</u> the verb) ● refers to a <u>person</u>	preposition + **moi, toi, lui, elle**	preposition + **nous, vous, eux, elles**	**Je ne suis jamais allée chez <u>eux</u>.** **C'est pour <u>moi</u> ou pour <u>lui</u>?**

Qui and **que** are called <u>relative pronouns</u> and are used to give details about a person or a thing without repeating the noun in a separate sentence. For example, **On a logé chez un ami. <u>Cet ami</u> habite à Paris depuis dix ans.** > **On a logé chez un ami <u>qui</u> habite à Paris depuis dix ans.**

- **Qui** is used when the person or thing being referred to is the subject of the verb following the relative pronoun. For example, **Elle travaille dans une <u>école</u>. <u>L'école</u> est près de chez elle.** > **Elle travaille dans une école <u>qui</u> est près de chez elle.**
- **Que** is used when the person or thing being referred to is the object of the verb following the relative pronoun. For example, **Hier, on a vu un <u>film</u>. On a adoré <u>ce film</u>.** > **Hier, on a vu un film <u>qu'</u>on a adoré.**

9 Verbs – verb conjugation (see grammar section in all units)

Verbs are made of two parts: a stem and an ending: e.g. <u>aim</u>-**er**, je <u>regard</u>-**e**, vous <u>sort</u>-**ez**.

Different endings are used depending on the person (1st, 2nd, 3rd), the number (singular, plural), the tense (present, past, future), etc. Some verbs follow a regular pattern of endings, but many don't.

It can be helpful to classify verbs in four groups, according to their ending in the infinitive (the form you would find in the dictionary, e.g. **habit<u>er</u>**):
- verbs ending in **-er** (the great majority of verbs): all regular, except for **aller**;
- verbs ending in **-ir**: regular verbs follow either the **finir** pattern or the **partir** pattern; there are also some irregular verbs;
- verbs ending in **-re**: some follow the **perdre** pattern, but many are irregular;
- verbs ending in **-oir**: all irregular.

See the verb tables on pages 154 to 157 for the different patterns.

10 Verbs – verb construction ▶(see pages 46, 60, 72 and 108)

Verbs can be constructed in different ways. They can:

● come on their own: e.g. **Elle <u>dort</u>. Mes amis <u>sont arrivés</u>.**
● come with: – a direct object: e.g. **Je <u>prends le bus</u>. Marc <u>la connaît</u>.**
                    – an indirect object: e.g. **Ils <u>parlent à leurs amis</u>. Tu <u>lui a téléphoné</u>?**
                    – an infinitive: e.g. **Nous <u>devons partir</u>. Le film <u>va commencer</u>.**
● be reflexive: e.g. **Vous <u>vous levez</u> à quelle heure? Je <u>m'ennuie</u>!**
● be impersonal (only used with **il**): e.g. **<u>Il pleut</u>. <u>Il faut</u> réussir!**

11 The present tense   ▶(see pages 20, 32 and 60)

The present tense is used to refer to:

● a current or usual action or situation: e.g. **J'<u>habite</u> à Bruxelles.**
● an action or situation in the process of happening: e.g. **Anne n'<u>est</u> pas là, elle <u>fait</u> des courses.**
● an action or situation in the future: e.g. **Le train <u>part</u> dans cinq minutes.**
● instructions: e.g. **Vous <u>prenez</u> la première à droite.**

So, depending on the context, it will be translated in different ways. For example,
– **En général, on <u>mange</u> à une heure.** > We usually <u>eat</u> at one o'clock.
– **On <u>mange</u>!** > We're <u>eating</u> (now)!
– **Ce soir, on <u>mange</u> au restaurant.** > Tonight, we are (will be) <u>eating</u> at the restaurant.
For the different forms of the present tense, see the verb tables pages 154 to 157 and the unit pages mentioned above.

12 The perfect tense   ▶(see pages 96 and 108)

The perfect tense (**passé composé**) is used to refer to a past event, seen as completed. It is generally made up of the present tense of **avoir** (the auxiliary), followed by the past participle of the verb: e.g. **Hier, j'<u>ai joué</u> au football. Ils <u>ont voyagé</u> pendant deux mois.**

A few verbs form the perfect tense with **être**. They are:

● the following 14 verbs (most easily remembered in pairs):
      aller – venir
      arriver – partir
      entrer – sortir
      monter – descendre
      passer – retourner
      tomber – rester
      mourir – naître
● all reflexive verbs.

When the auxiliary **être** is used, the past participle must agree with the subject of the verb: e.g. **<u>Ta mère</u> est arrivé<u>e</u>. <u>Ils</u> se sont bien amusé<u>s</u> au Portugal.**

For the different forms of the perfect tense and use with negatives and pronouns, see the unit pages mentioned above as well as the verb tables pages 154 to 157.

13 The imperative ▶(see page 46)

The imperative is used to give instructions or tell someone to do something. It is generally formed like the present tense, but without the pronouns **tu** or **vous**: e.g. **<u>Attends</u>! <u>Continuez</u> tout droit.**

14 The future tense ▶(see page 120)

The future tense (**futur simple**) is the main tense used to refer to a future event, though people tend to use the form '**aller** (in the present tense) + infinitive', or even the present tense when they are more certain about what will happen and/or speak more informally. Thus the form **aller** + infinitive is mainly used in speech, and the future tense in writing.

The future tense is made up of an infinitive, plus endings similar to the present tense of **avoir**: e.g. **Quand ils <u>arriveront</u>, nous <u>boirons</u> un verre**. There are a few irregular forms, as usual for many common verbs, e.g. **je <u>serai</u>** (être), **j'<u>aurai</u>** (avoir), **je <u>ferai</u>** (faire), **j'<u>irai</u>** (aller), – see verb tables on pages 154–157.

15 Adverbs

Adverbs can be used to describe an action or situation: e.g. **Il vient <u>rarement</u> ici.** Many adverbs end in **-ment** (similarly in English, many end in -ly). This ending is usually added to the feminine form of the adjective: e.g. **lente-ment, heureuse-ment.**

However, many adverbs do not end in **-ment**, including some very common ones: e.g. **bien, mal, beaucoup, peu, souvent, vite.**

16 Prepositions ▶(see pages 32 and 60)

Prepositions are used to introduce a complement, i.e. additional information:
- to a verb: e.g. **jouer <u>de</u> la guitare, aller <u>chez</u> quelqu'un, aller en France;**
- to a noun: e.g. **une chambre <u>avec</u> salle de bains; un verre <u>de</u> vin;**
- to an adjective: e.g. **content(e) <u>de</u> quelque chose, facile <u>à</u> faire.**

When **le** and **les** follow **à** and **de**, they always combine to form **au / aux** and **du / des** – see page 32.

Verb tables

Auxiliaries

Infinitive	Present	Perfect	Imperfect	Future	Conditional
être	je suis	j'ai été	j'étais	je serai	je serais
	tu es	tu as été	tu étais	tu seras	tu serais
	il/elle/on est	il/elle/on a été	il/elle/on était	il/elle/on sera	il/elle/on serait
	nous sommes	nous avons été	nous étions	nous serons	nous serions
	vous êtes	vous avez été	vous étiez	vous serez	vous seriez
	ils/elles sont	ils/elles ont été	ils/elles étaient	ils/elles seront	ils/elles seraient
avoir	j'ai	j'ai eu	j'avais	j'aurai	j'aurais
	tu as	tu as eu	tu avais	tu auras	tu aurais
	il/elle/on a	il/elle/on a eu	il/elle/on avait	il/elle/on aura	il/elle/on aurait
	nous avons	nous avons eu	nous avions	nous aurons	nous aurions
	vous avez	vous avez eu	vous aviez	vous aurez	vous auriez
	ils/elles ont	ils/elles ont eu	ils/elles avaient	ils/elles auront	ils/elles auraient

Regular verbs

Infinitive	Present	Perfect	Imperfect	Future	Conditional
aimer	j'aime	j'ai aimé	j'aimais	j'aimerai	j'aimerais
	tu aimes	tu as aimé	tu aimais	tu aimeras	tu aimerais
	il/elle/on aime	il/elle/on a aimé	il/elle/on aimait	il/elle/on aimera	il/elle/on aimerait
	nous aimons	nous avons aimé	nous aimions	nous aimerons	nous aimerions
	vous aimez	vous avez aimé	vous aimiez	vous aimerez	vous aimeriez
	ils/elles aiment	ils/elles ont aimé	ils/elles aimaient	ils/elles aimeront	ils/elles aimeraient
finir	je finis	j'ai fini	je finissais	je finirai	je finirais
	tu finis	tu as fini	tu finissais	tu finiras	tu finirais
	il/elle/on finit	il/elle/on a fini	il/elle/on finissait	il/elle/on finira	il/elle/on finirait
	nous finissons	nous avons fini	nous finissions	nous finirons	nous finirions
	vous finissez	vous avez fini	vous finissiez	vous finirez	vous finiriez
	ils/elles finissent	ils/elles ont fini	ils/elles finissaient	ils/elles finiront	ils/elles finiraient
partir	je pars	je suis parti(e)	je partais	je partirai	je partirais
	tu pars	tu es parti(e)	tu partais	tu partiras	tu partirais
	il/elle/on part	il/elle/on est parti(e)(s)	il/elle/on partait	il/elle/on partira	il/elle/on partirait
	nous partons	nous sommes parti(e)s	nous partions	nous partirons	nous partirions
	vous partez	vous êtes parti(e)s	vous partiez	vous partirez	vous partiriez
	ils/elles partent	ils/elles sont parti(e)s	ils/elles partaient	ils/elles partiront	ils/elles partiraient
perdre	je perds	j'ai perdu	je perdais	je perdrai	je perdrais
	tu perds	tu as perdu	tu perdais	tu perdras	tu perdrais
	il/elle/on perd	il/elle/on a perdu	il/elle/on perdait	il/elle/on perdra	il/elle/on perdrait
	nous perdons	nous avons perdu	nous perdions	nous perdrons	nous perdrions
	vous perdez	vous avez perdu	vous perdiez	vous perdrez	vous perdriez
	ils/elles perdent	ils/elles ont perdu	ils/elles perdaient	ils/elles perdront	ils/elles perdraient

Irregular verbs

Infinitive	Present	Perfect	Imperfect	Future	Conditional
aller	je vais	je suis allé(e)	j'allais	j'irai	j'irais
	tu vas	tu es allé(e)	tu allais	tu iras	tu irais
	il/elle/on va	il/elle/on est allé(e)(s)	il/elle/on allait	il/elle/on ira	il/elle/on irait
	nous allons	nous sommes allé(e)s	nous allions	nous irons	nous irions
	vous allez	vous êtes allé(e)s	vous alliez	vous irez	vous iriez
	ils/elles vont	ils/elles sont allé(e)s	ils/elles allaient	ils/elles iront	ils/elles iraient
boire	je bois	j'ai bu	je buvais	je boirai	je boirais
	tu bois	tu as bu	tu buvais	tu boiras	tu boirais
	il/elle/on boit	il/elle/on a bu	il/elle/on buvait	il/elle/on boira	il/elle/on boirait
	nous buvons	nous avons bu	nous buvions	nous boirons	nous boirions
	vous buvez	vous avez bu	vous buviez	vous boirez	vous boiriez
	ils/elles boivent	ils/elles ont bu	ils/elles buvaient	ils/elles boiront	ils/elles boiraient
connaître	je connais	j'ai connu	je connaissais	je connaîtrai	je connaîtrais
	tu connais	tu as connu	tu connaissais	tu connaîtras	tu connaîtrais
	il/elle/on connaît	il/elle/on a connu	il/elle/on connaissait	il/elle/on connaîtra	il/elle/on connaîtrait
	nous connaissons	nous avons connu	nous connaissions	nous connaîtrons	nous connaîtrions
	vous connaissez	vous avez connu	vous connaissiez	vous connaîtrez	vous connaîtriez
	ils/elles connaissent	ils/elles ont connu	ils/elles connaissaient	ils/elles connaîtront	ils/elles connaîtraient
devoir	je dois	j'ai dû	je devais	je devrai	je devrais
	tu dois	tu as dû	tu devais	tu devras	tu devrais
	il/elle/on doit	il/elle/on a dû	il/elle/on devait	il/elle/on devra	il/elle/on devrait
	nous devons	nous avons dû	nous devions	nous devrons	nous devrions
	vous devez	vous avez dû	vous deviez	vous devrez	vous devriez
	ils/elles doivent	ils/elles ont dû	ils/elles devaient	ils/elles devront	ils/elles devraient
dire	je dis	j'ai dit	je disais	je dirai	je dirais
	tu dis	tu as dit	tu disais	tu diras	tu dirais
	il/elle/on dit	il/elle/on a dit	il/elle/on disait	il/elle/on dira	il/elle/on dirait
	nous disons	nous avons dit	nous disions	nous dirons	nous dirions
	vous dites	vous avez dit	vous disiez	vous direz	vous diriez
	ils/elles disent	ils/elles ont dit	ils/elles disaient	ils/elles diront	ils/elles diraient
écrire	j'écris	j'ai écrit	j'écrivais	j'écrirai	j'écrirais
	tu écris	tu as écrit	tu écrivais	tu écriras	tu écrirais
	il/elle/on écrit	il/elle/on a écrit	il/elle/on écrivait	il/elle/on écrira	il/elle/on écrirait
	nous écrivons	nous avons écrit	nous écrivions	nous écrirons	nous écririons
	vous écrivez	vous avez écrit	vous écriviez	vous écrirez	vous écririez
	ils/elles écrivent	ils/elles ont écrit	ils/elles écrivaient	ils/elles écriront	ils/elles écriraient

Infinitive	Present	Perfect	Imperfect	Future	Conditional
faire	je fais	j'ai fait	je faisais	je ferai	je ferais
	tu fais	tu as fait	tu faisais	tu feras	tu ferais
	il/elle/on fait	il/elle/on a fait	il/elle/on faisait	il/elle/on fera	il/elle/on ferait
	nous faisons	nous avons fait	nous faisions	nous ferons	nous ferions
	vous faites	vous avez fait	vous faisiez	vous ferez	vous feriez
	ils/elles font	ils/elles ont fait	ils/elles faisaient	ils/elles feront	ils/elles feraient
lire	je lis	j'ai lu	je lisais	je lirai	je lirais
	tu lis	tu as lu	tu lisais	tu liras	tu lirais
	il/elle/on lit	il/elle/on a lu	il/elle/on lisait	il/elle/on lira	il/elle/on lirait
	nous lisons	nous avons lu	nous lisions	nous lirons	nous lirions
	vous lisez	vous avez lu	vous lisiez	vous lirez	vous liriez
	ils/elles lisent	ils/elles ont lu	ils/elles lisaient	ils/elles liront	ils/elles liraient
mettre	je mets	j'ai mis	je mettais	je mettrai	je mettrais
	tu mets	tu as mis	tu mettais	tu mettras	tu mettrais
	il/elle/on met	il/elle/on a mis	il/elle/on mettait	il/elle/on mettra	il/elle/on mettrait
	nous mettons	nous avons mis	nous mettions	nous mettrons	nous mettrions
	vous mettez	vous avez mis	vous mettiez	vous mettrez	vous mettriez
	ils/elles mettent	ils/elles ont mis	ils/elles mettaient	ils/elles mettront	ils/elles mettraient
pouvoir	je peux	j'ai pu	je pouvais	je pourrai	je pourrais
	tu peux	tu as pu	tu pouvais	tu pourras	tu pourrais
	il/elle/on peut	il/elle/on a pu	il/elle/on pouvait	il/elle/on pourra	il/elle/on pourrait
	nous pouvons	nous avons pu	nous pouvions	nous pourrons	nous pourrions
	vous pouvez	vous avez pu	vous pouviez	vous pourrez	vous pourriez
	ils/elles peuvent	ils/elles ont pu	ils/elles pouvaient	ils/elles pourront	ils/elles pourraient
prendre	je prends	j'ai pris	je prenais	je prendrai	je prendrais
	tu prends	tu as pris	tu prenais	tu prendras	tu prendrais
	il/elle/on prend	il/elle/on a pris	il/elle/on prenait	il/elle/on prendra	il/elle/on prendrait
	nous prenons	nous avons pris	nous prenions	nous prendrons	nous prendrions
	vous prenez	vous avez pris	vous preniez	vous prendrez	vous prendriez
	ils/elles prennent	ils/elles ont pris	ils/elles prenaient	ils/elles prendront	ils/elles prendraient
savoir	je sais	j'ai su	je savais	je saurai	je saurais
	tu sais	tu as su	tu savais	tu sauras	tu saurais
	il/elle/on sait	il/elle/on a su	il/elle/on savait	il/elle/on saura	il/elle/on saurait
	nous savons	nous avons su	nous savions	nous saurons	nous saurions
	vous savez	vous avez su	vous saviez	vous saurez	vous sauriez
	ils/elles savent	ils/elles ont su	ils/elles savaient	ils/elles sauront	ils/elles sauraient

Infinitive	Present	Perfect	Imperfect	Future	Conditional
venir	je viens	je suis venu(e)	je venais	je viendrai	je viendrais
	tu viens	tu es venu(e)	tu venais	tu viendras	tu viendrais
	il/elle/on vient	il/elle/on est venu(e)(s)	il/elle/on venait	il/elle/on viendra	il/elle/on viendrait
	nous venons	nous sommes venu(e)s	nous venions	nous viendrons	nous viendrions
	vous venez	vous êtes venu(e)s	vous veniez	vous viendrez	vous viendriez
	ils/elles viennent	ils/elles sont venu(e)s	ils/elles venaient	ils/elles viendront	ils/elles viendraient
voir	je vois	j'ai vu	je voyais	je verrai	je verrais
	tu vois	tu as vu	tu voyais	tu verras	tu verrais
	il/elle/on voit	il/elle/on a vu	il/elle/on voyait	il/elle/on verra	il/elle/on verrait
	nous voyons	nous avons vu	nous voyions	nous verrons	nous verrions
	vous voyez	vous avez vu	vous voyiez	vous verrez	vous verriez
	ils/elles voient	ils/elles ont vu	ils/elles voyaient	ils/elles verront	ils/elles verraient
vouloir	je veux	j'ai voulu	je voulais	je voudrai	je voudrais
	tu veux	tu as voulu	tu voulais	tu voudras	tu voudrais
	il/elle/on veut	il/elle/on a voulu	il/elle/on voulait	il/elle/on voudra	il/elle/on voudrait
	nous voulons	nous avons voulu	nous voulions	nous voudrons	nous voudrions
	vous voulez	vous avez voulu	vous vouliez	vous voudrez	vous voudriez
	ils/elles veulent	ils/elles ont voulu	ils/elles voulaient	ils/elles voudront	ils/elles voudraient

Reflexive verbs

Infinitive	Present	Perfect	Imperfect	Future	Conditional
se lever	je me lève	je me suis levé(e)	je me levais	je me lèverai	je me lèverais
	tu te lèves	tu t'es levé(e)	tu te levais	tu te lèveras	tu te lèverais
	il/elle/on se lève	il/elle/on s'est levé(e)(s)	il/elle/on se levait	il/elle/on se lèvera	il/elle/on se lèverait
	nous nous levons	nous nous sommes levé(e)s	nous nous levions	nous nous lèverons	nous nous lèverions
	vous vous levez	vous vous êtes levé(e)s	vous vous leviez	vous vous lèverez	vous vous lèveriez
	ils/elles se lèvent	ils/elles se sont levé(e)s	ils/elles se levaient	ils/elles se lèveront	ils/elles se lèveraient

Vocabulary

à	to, at
d'abord	(at) first
tout d'abord	first of all
accès (m.)	access
accident (m.)	accident
d'accord	fine, OK
être d'accord	to agree
ne pas être d'accord	to disagree
acheter	to buy
acompte (m.)	deposit
acteur/-trice	actor
actuellement	at the moment
addition (f.)	bill
adorer	to adore, to love
adresse (f.)	address
aérobic (m.)	aerobics
aéroport (m.)	airport
affaires (f. pl.)	business
africain(e)	African
Afrique (f.)	Africa
Afrique du Sud (f.)	South Africa
âge (m.)	age
agence (f.)	agency
agneau (m.)	lamb
agréable	pleasant
aide-soignant(e) (m./f.)	care assistant, nursing auxiliary
aider	to help
aimer	to like, to love
alcool (m.)	alcohol
Algérie (f.)	Algeria
algérien(ne)	Algerian
Allemagne (f.)	Germany
allemand(e)	German
aller	to go
aller simple (m.)	single ticket
allergique à	allergic
aller-retour (m.)	return ticket
allô	hello (on the phone)
améliorer	to improve
ami(e)	friend
s'amuser	to have fun, enjoy oneself
an (m.)	year
ancien(ne)	former, ancient
anglais(e)	English
Angleterre (f.)	England
animal (m.)	animal
animé(e)	lively
année (f.)	year
anniversaire (m.)	birthday
annoncer	to announce
annuler	to cancel
Antilles (f. pl.)	West Indies
août	August
apéritif (m.)	aperitif
appareil (m.)	appliance, telephone
appartement (m.)	flat, apartment
appel (m.)	call, phone call
appeler	to call, to telephone
s'appeler	to be called
appétit (m.)	appetite
bon appétit	enjoy your meal
apprendre	to learn
appuyer	to push, to press
après	after, afterwards
d'après	according to
après-midi (m. or f.)	afternoon
architecte	architect
architecture (f.)	architecture
argent (m.)	money
argent de poche (m.)	pocket money
Argentine (f.)	Argentina
argentin(e)	Argentinian
armoire (f.)	wardrobe
s'arrêter	to stop
arrivée (f.)	arrival
arriver	to arrive, to happen
ascenseur (m.)	lift
assez	enough, rather
assiette (f.)	plate
assistant(e)	assistant
assistant(e) marketing	marketing assistant
athlétisme (m.)	athletics
attendre	to wait for
faire attention	to be careful
auberge de jeunesse (f.)	youth hostel
aucun(e)	any, more, no
aujourd'hui	today
au revoir	goodbye
aussi	also, too
aussi … que	as … as
autobus (m.)	bus
autocar (m.)	coach
automne (m.)	autumn
autour de	around
faire de l'auto-stop	to hitch-hike
autre	other
être en avance	to be early
avant	before
avec	with
avenir (m.)	future
à l'avenir	in the future

avenue (f.)	avenue	biologie (f.)	biology
avion (m.)	airplane	bise (f.)	kiss
avis (m.)	opinion	blanc(he)	white
à mon avis	in my opinion	bleu(e)	blue
avocat(e)	lawyer	blond(e)	blond
avoir	to have	bof/comme ci-comme ça	so-so
avril	April	boire	to drink
		boire un verre	to go for a drink
baccalauréat (bac) (m.)	A-levels (equivalent)	boisson (f.)	drink
bagages (m. pl.)	luggage	boîte (f. coll.)	company
se baigner	to bathe, swim	boîte de nuit (f.)	nightclub
baignoire (f.)	bathtub	aller en boîte	to go clubbing
bain (m.)	bath	bon(ne)	good, mild (weather)
salle de bains (f.)	bathroom	bonbon (m.)	sweet
balade (f.)	walk, stroll, ride	bonjour	hello
banque (f.)	bank	bonne nuit	good night
bar (m.)	bar	bonsoir	good evening
bar-tabac (m.)	newsagent, tobacconist's shop	bord (m.)	edge, side
		au bord de la mer	at the seaside
barbe (f.)	beard	bottes (f. pl.)	boots
barbecue (m.)	barbecue	boucher/-ère	butcher
bas(se)	low	boucherie (f.)	butcher's shop
en bas	downstairs, at the bottom	boucles d'oreille (f. pl.)	earrings
baskets (f. pl.)	trainers	boulanger/-ère	baker
bateau (m.)	boat	boulangerie (f.)	baker's shop
bâtiment (m.)	building	boule (f.)	scoop, ball
beau/belle	beautiful, handsome	boulevard (m.)	boulevard
beau-fils (m.)	son-in-law, stepson	boulot (m.) (coll.)	job, work
beau-frère (m.)	brother-in-law, stepbrother	bout (m.)	end, tip
		bouteille (f.)	bottle
beau-père (m.)	stepfather/father-in-law	bricolage (m.)	DIY
belle-fille (f.)	daughter-in-law, stepdaughter	faire du bricolage	to do DIY
		briller	to shine
belle-mère (f.)	mother-in-law, stepmother	britannique	British
		brocante (f.)	second-hand market, flea-market
belle-sœur (f.)	sister-in-law, stepsister		
beaucoup	a lot	bronzer	to tan, to sunbathe
bébé (m.)	baby	se faire bronzer	to sunbathe
beige	beige	brouillard (m.)	fog
belge	Belgian	bruit (m.)	noise
Belgique (f.)	Belgium	brun(e)	brown (hair)
bénévole (m. or f.)	volunteer	bureau (m.)	office
besoin (m.)	need	bureau de tourisme (m.)	tourist information office
avoir besoin (de)	to need	bus (m.)	bus
beurre (m.)	butter		
bibliothécaire (m. or f.)	librarian	c'est ça	that's right
bibliothèque (f.)	library	ça	that, it
bien	well, good	ça va?, ça va	how are you?, (I'm) fine
bien sûr	of course	cabine d'essayage (f.)	changing room
bientôt	soon	café (m.)	black coffee, cafe
à bientôt!	see you soon!	café crème (m.)	white coffee
bienvenue!	welcome!	café gourmand (m.)	coffee and dessert
bière (f.)	beer	caisse (f.)	check-out, till
bilingue	bilingual	calme	quiet
billet (m.)	ticket	campagne (f.)	countryside

camping (m.)	campsite	cher/chère	expensive
faire du camping	to go camping	chercher	to look for
Canada (m.)	Canada	chercheur/-euse	researcher
canadien(ne)	Canadian	cheveux (m. pl.)	hair
canapé-lit (m.)	sofa bed	chèvre (m.)	goat's cheese
car (m.)	coach	chez	at somebody's house
carotte (f.)	carrot	chez moi	at my house
carré (m.)	square	chic	smart
carrefour (m.)	crossroads	chimie (f.)	chemistry
carte (f.)	map, card, menu	Chine (f.)	China
en cas de	in the event of	chocolat (m.)	chocolate
casquette (f.)	cap	chocolat chaud (m.)	hot chocolate
casser	to break	choisir	to choose
cause (f.)	cause	choix (m.)	choice
à cause de	because of	chose (f.)	thing
ce	it, this	chou-fleur (m.)	cauliflower
cet(te)	this, that	ciel (m.)	sky
ces	these, those	cinéma (m.)	cinema
ceci	this	cinq	five
cela	that	cinquante	fifty
céleri (m.)	celery	circulation (f.)	traffic
célibataire	single	circuler	to run (trains)
celui-ci, celui-là	this one, that one	citron (m.)	lemon
(celle-ci, celle-là)		citron pressé (m.)	fresh lemon juice
cent	one hundred	clé (f.)	key
centre (m.)	centre	clair(e)	light, clear
centre-ville (m.)	town centre	classe (f.)	class
certificat (m.)	certificate	client(e)	customer
chacun(e)	each one	climat (m.)	climate
chaise (f.)	chair	cocher	to tick
chaise roulante (f.)	wheelchair	coca (m.)	Coke
chambre (f.)	bedroom	coca light (m.)	Diet Coke
champignon (m.)	mushroom	coin (m.)	corner
chance (f.)	luck	au coin de	at the corner of
bonne chance	good luck!	collège (m.)	(lower) secondary school
changement (m.)	change	collègue (m. or f.)	colleague
changer	to change	colocataire (m. or f.)	flatmate
chanter	to sing	combien	how many, how much
chanteur/-euse	singer	comédien(ne)	comedian (stage)
chantier (m.) de	volunteer project	commander	to order
bénévoles		comme	like, as
chaque	each	commencer	to begin, to start
charcuterie (f.)	cold meats, delicatessen	comment	how
chaud	hot, warm	commerce (m.)	trade, business, shop
avoir chaud	to be hot	centre commercial (m.)	shopping centre
chauffage (m.)	heating	commode (f.)	chest of drawers
chauffeur (m.)	driver	complet/-ète	full, complete
chaussettes (f. pl.)	socks	complètement	completely
chaussures (f. pl.)	shoes	composter	to validate, to punch
chemin (m.)	path, way		(ticket)
cheminée (f.)	fireplace	comprendre	to understand, to include
chemise (f.)	shirt	compris(e)	understood, included
chemisier (m.)	blouse	compter	to count
chèque (m.)	cheque	concombre (m.)	cucumber
chèque de voyage (m.)	traveller's cheque	conduire	to drive

confortable	comfortable	danser	to dance
connaissance (f.)	knowledge	date (f.)	date
connaître	to know (someone)	de	of, from
construire	to build	se débrouiller	to cope, to manage
continuer	to continue	décembre	December
contre	against	décider	to decide
par contre	however	découvrir	discover/find out
copain (m.)	boyfriend, friend	décrire	to describe
copine (f.)	girlfriend, friend	déjeuner (m.)	lunch
correspondance (f.)	connection (tube, train)	demain	tomorrow
corriger	to correct	à demain!	see you tomorrow!
Corse (f.)	Corsica	demander	to ask for
costume (m.)	suit	demander le chemin	to ask for directions
côte (f.)	coast, chop	déménager	to move house
côté (m.)	side	demi-frère (m.)	half-brother
à côté de	next to	demi-sœur (f.)	half-sister
côté couloir	aisle seat	dentiste	dentist
côté fenêtre	window seat	départ (m.)	departure
se coucher	to go to bed, to lie down	département (m.)	department (administrative area)
couleur (f.)	colour		
coup de soleil (m.)	sunburn	dépenses (f. pl.)	expenses
couramment	fluently	depuis	for, since
courir	to run	dernier/-ère	last
cours (m.)	lecture, course	derrière	behind
cours intensif (m.)	intensive course	descendre	to go down
courses (f. pl.)	shopping	désirer	to want
faire des courses	to go shopping	désolé(e)	sorry
court(e)	short	dessert (m.)	dessert
cousin(e)	cousin	au-dessous de	below, underneath
coûter	to cost	au-dessus de	above
couverture (f.)	cover, blanket	destination (f.)	destination
crème (f.)	cream	à destination de	going to
crème solaire (f.)	sun cream	détester	to detest, to hate
crèmerie (f.)	dairy shop	deux	two
crevettes (f. pl.)	prawns	les deux	both (of them)
croire	to believe	deuxième	second
croissant (m.)	croissant	devant	in front of
croque-monsieur (m.)	toasted ham and cheese sandwich	devenir	to become
		devise (f.)	currency
crudités (f. pl.)	raw vegetables	devoir	to have to, must
cuiller (f.)	spoon	différent(e)	different
cuisine (f.)	kitchen	difficile	difficult
cuisiner	to cook	dimanche (m.)	Sunday
cuisinier/-ère	cook	dîner	to dine, to have dinner
cuisinière (f.)	cooker	dîner (m.)	evening meal
cuit(e)	cooked	diplôme (m.)	diploma, certificate
bien cuit	well done (steak)	dire	to say
culturel(le)	cultural	directeur/trice	director, manager
curieux/-euse	nosy	direction (f.)	management
curriculum vitae (m.)	CV	direction	in the direction of
		disponible	available
dame (f.)	lady	dissertation (f.)	essay
Danemark (m.)	Denmark	divers	miscellaneous
dans	in	divorcé(e)	divorced
danse (f.)	dance	dix	ten

dix-huit	eighteen	ensuite	next, then
dix-neuf	nineteen	entendre	to hear
dix-sept	seventeen	entier/-ère	entire, whole
docteur (m.)	doctor	entre	between
doctorat (m.)	PhD doctorate	entrée (f.)	starter, entrance
domicile (m.)	residence	entreprise (f.)	firm, company
donc	therefore, so	entrer	to come in, to go in
dormir	to sleep	entretien (m.)	interview
dormir à la belle étoile	to sleep out in the open	envie (f.)	urge, craving
douche (f.)	shower	avoir envie (de)	to feel like, to fancy, to want
se doucher	to shower		
douze	twelve	envoyer	to send
draps (m. pl.)	bed linen, sheets	épeler	to spell
droit (m.)	law	épice (f.)	spice
droit(e)	straight	épicé(e)	spicy
droite (f.)	right	épicerie (f.)	grocer's shop
à droite	on the right	épicier/-ère	grocer
du, de la, des	of the, some	équipe (f.)	team
durer	to last	équipé(e)	equipped
DUT (m.)	HND	équitation (f.)	horse-riding
		escalade (f.)	climbing
eau (f.)	water	escargot (m.)	snail
eau minérale (f.)	mineral water	Espagne (f.)	Spain
échouer	to fail	espagnol(e)	Spanish
école (f.)	school	espérer	to hope
écologie (f.)	ecology	essayer	to try
économie (f.)	economics	essence (f.)	petrol
écossais(e)	Scottish	est (m.)	east
Ecosse	Scotland	Estonie (f.)	Estonia
écouter	to listen to	estonien(ne)	Estonian
écrire	to write	étage (m.)	floor
éducation (f.)	education	Etats-Unis (m. pl.)	United States
église (f.)	church	été (m.)	summer
Egypte (f.)	Egypt	étoile (f.)	star
électricien(ne)	electrician	étranger/-ère	foreign
elle (f.)	she, her, it	être	to be
elles (f. pl.)	they, them	étude (f.)	study
e-mail (m.)	email	études (f. pl.)	studies
émission (f.)	(TV/radio) programme	études (f.) commerciales	business studies
emmener	to take	étudiant(e)	student
emploi (m.)	job	étudier	to study
employé(e)	employee	euro (m.)	euro
employé(e) de bureau	office worker	Europe (f.)	Europe
en	in, of it, of them	européen(ne)	European
encore	more, yet, still	évier (m.)	sink
endroit (m.)	a place	examen (m.)	exam
enfant	child	exemple (m.)	example
enfant unique	only child	expérience (f.) professionnelle	work experience
enfin	finally, well		
s'ennuyer	to be bored	exposition (f.)	exhibition
ennuyeux/-euse	boring	exprès	on purpose
enseignant(e)	teacher		
enseignement (m.)	teaching	fac (f.) (coll.)	university
enseigner	to teach	en face de	opposite
ensemble	together	de toute façon	in any case, anyway

faim (f.)	hunger	à gauche	on the left
avoir faim	to be hungry	génial(e)	great, super
faire	to do, to make	gens (m. pl.)	people
faire la bise	to kiss on both cheeks as a greeting	gentil(le)	kind, nice
		géographie (f.)	geography
ça fait	it is, it comes to	gestion (f.)	management
famille (f.)	family	gestion (f.) d'entreprise	business management
fatigué(e)	tired	gilet (m.)	cardigan
se fatiguer	to get tired	gîte (m.)	holiday cottage
il faut	it is necessary	glace (f.)	ice cream
faux/fausse	false, untrue	goûter	to taste
femme (f.)	woman, wife	grand(e)	big, tall
fenêtre (f.)	window	Grande-Bretagne (f.)	Great Britain
jour (m.) férié	public holiday	grand-mère (f.)	grandmother
fermer	to close	grand-père (m.)	grandfather
fermeture (f.) annuelle	annual closure	grands-parents (m. pl.)	grandparents
fête (f.)	party, public holiday	gratuit(e)	free (no charge)
feux (m. pl.)	traffic lights	graphiste (m. or f.)	graphic designer
février	February	grave	serious
fille (f.)	girl, daughter	grec(que)	Greek
fils (m.)	son	Grèce (f.)	Greece
fin (f.)	end	grève (f.)	strike
finalement	finally, in the end	grillé(e)	grilled
finir	to finish	gris(e)	grey
flics (m. pl.) (coll.)	cops, policemen	gros(se)	big, fat
fois (f.)	time	groupe (m.)	group
foncé(e)	dark	guichet (m.)	ticket office
football (m.)	football	guitare (f.)	guitar
footing (m.)	jogging	gym (f.)	gym
formation (f.)	education, training		
être en forme	to be well	s'habiller	to get dressed
formidable	great	habiter	to live
formule (f.)	set menu	comme d'habitude	as usual
fort(e)	strong, loud	avoir hâte de	to look forward to
fournir	to provide, to supply	haut(e)	high
frais d'inscription (m. pl.)	registration fees	heure (f.)	hour
fraise (f.)	strawberry	heures creuses (f. pl.)	off-peak periods
français(e)	French	être à l'heure	to be on time
France (f.)	France	à quelle heure?	at what time?
francophone	French-speaking	heureusement	fortunately
frère (m.)	brother	heureux/-euse	happy
frites (f. pl.)	chips	hier	yesterday
froid(e)	cold	histoire (f.)	history
avoir froid	to be cold	histoire de l'art (f.)	history of art
fromage (m.)	cheese	hiver (m.)	winter
fruit (m.)	fruit	homme (m.)	man
fuite des cerveaux (f.)	brain drain	Hongrie (f.)	Hungary
furieux/-euse	furious	hongrois(e)	Hungarian
		hôpital (m.)	hospital
gagner	to earn, to win	horaire (m.)	timetable
gallois(e)	Welsh	hôtel (m.)	hotel
garage (m.)	garage	Hôtel (m.) de ville	town hall
gare (f.)	station	huile (f.)	oil
gâteau (m.)	cake	huit	eight
gauche	left		

ici	here	journal (m.)	newspaper
idéal(e)	ideal	journaliste (m. or f.)	journalist
idée (f.)	idea	journée (f.)	day
bonne idée!	good idea!	bonne journée!	have a good day!
identité (f.)	identity	juillet	July
il (m.)	he, it	juin	June
il y a	ago, there is, there are	jupe (f.)	skirt
ils (m. pl.)	they	jus (m.)	juice
image (f.)	image	jusqu'à	until, up to
imperméable (m.)	raincoat	juste	just, correct
important(e)	important		
impossible	impossible	kilo (m.)	kilo
Inde (f.)	India	kilomètre (m.)	kilometer
indien(ne)	Indian	kilométrage (m.)	mileage
infirmier/-ère	nurse	kir (m.)	kir (white wine and
information (f.)	information		blackcurrant liquer)
informatique (f.)	computing		
ingéniérie (f.)	engineering	là	there
ingénieur (m.)	engineer	là-bas	over there
s'inscrire	to enrol	lac (m.)	lake
s'installer	to settle	laisser	to leave
intelligent(e)	intelligent	laisser un message	to leave a message
intention (f.)	intention	lait (m.)	milk
avoir l'intention (de)	to intend to	langage (m.) familier	colloquial language
intéressant(e)	interesting	langue (f.) étrangère	foreign language
internet (m.)	internet	lavabo (m.)	washbasin
interrupteur (m.)	switch	lave-linge (m.)	washing machine
inviter	to invite	lave-vaisselle (m.)	dishwasher
Irak (m.)	Irak	laver	to wash
iraquien(ne)	Iraqi	se laver	to get washed
irlandais(e)	Irish	le, la, les	the
Irlande (f.)	Ireland	le, la	it, him, her
Italie (f.)	Italy	les	them
italien(ne)	Italian	lecture (f.)	reading
		léger/-ère	light
jamaïcain(e)	Jamaican	légume (m.)	vegetable
Jamaïque (f.)	Jamaica	lendemain (m.)	the day after
jamais	never	lequel?/laquelle?	which one?
jambon (m.)	ham	letton(ne)	Latvian
jambon-beurre (m.)	ham and butter baguette	Lettonie (f.)	Latvia
	sandwich	lettre (f.)	letter
janvier	January	lettre de	reference letter
Japon (m.)	Japan	recommandation (f.)	
japonais(e)	Japanese	lettres modernes (f. pl.)	humanities
jardin (m.)	garden	se lever	to get up
jaune	yellow	Liban (m.)	Lebanon
je	I	librairie (f.)	bookshop
jean (m.)	jeans	libre	free
jeu (m.)	game	licence (f.)	Bachelor's degree
jeudi	Thursday	lieu (m.)	place
jeune	young	au lieu de	instead of
joli(e)	pretty	ligne (f.)	line
jouer	to play	limonade (f.)	lemonade
jour (m.)	day	linguistique (f.)	linguistics
à un de ces jours (coll.)	see you around!	lire	to read

liste (f.)	list	mardi (m.)	Tuesday
lit (m.)	bed	mari (m.)	husband
lit double (m.)	double bed	marié(e)	married
lit simple (m.)	single bed	marketing (m.)	marketing
litre (m.)	litre	Maroc (m.)	Morroco
littérature (f.)	literature	marocain(e)	Moroccan
Lituanie (f.)	Lithuania	master (m.)	Master's degree
lituanien(ne)	Lithuanian	en avoir marre (coll.)	to be fed up
livre (m.)	book	marron	brown (eyes)
livre (f.)	pound	mars	March
location (f.)	hire, rental	match (m.)	match
loger	to accommodate, to stay	mathématiques (f. pl.)	mathematics
loin	far, far away	matin (m.)	morning
loisir (m.)	leisure	matinée (f.)	morning
Londres	London	mauvais(e)	bad
long(ue)	long	me	(to) me, myself
longtemps	a long time	mécanicien(ne)	mechanic
louer	to rent, to hire	médecin (m.)	doctor
lourd(e)	heavy	médicament (m.)	medicine, medication
loyer (m.)	rent	meilleur(e)	better
lui, leur	(to) him, (to) her, (to) them	même	same, even
		ménage (m.)	housework, household
lundi (m.)	Monday	mention (f.)	grade
lune (f.)	moon	menu (m.)	set menu
lunettes (f. pl.)	glasses	mer (f.)	sea, seaside
lycée (m.)	upper secondary school	au bord de la mer	at the seaside
		merci	thank you
madame (f.)	madam, Mrs	mercredi (m.)	Wednesday
mademoiselle (f.)	miss	mère (f.)	mother
magasin (m.)	shop	météo (f.)	weather forecast
grand magasin (m.)	department store	mètre (m.)	metre
magazine (m.)	magazine	métro (m.)	tube, underground
magnifique	brilliant	mettre	to put
mai	May	se mettre à (faire)	to start (doing)
main (f.)	hand	meuble (m.)	a piece of furniture
maintenant	now	à mi-temps	part-time
mais	but	midi	midday, noon
maison (f.)	house	mignon(ne)	cute, attractive
à la maison	at home	milieu (m.)	middle
mal (m.)	pain, bad	mille	thousand
mal	badly	million (m.)	million
pas mal	not bad (pretty good)	mince	slim
malade	ill	minuit	midnight
malheureusement	unfortunatcly	minute (f.)	minute
manger	to eat	mode (f.)	fashion
manteau (m.)	coat	moderne	modern
marchand(e)	shopkeeper	moi	me
marchand de fruits et légumes (m.)	greengrocer's	moins	less
		mois (m.)	month
marchand de journaux (m.)	newsagent	moitié (f.)	half
		mon, ma, mes	my
marche (f.)	step	monde (m.)	world
marché (m.)	market	beaucoup de monde	a lot of people
marcher	to walk, to function	monsieur (m.)	Sir, Mr
ça marche?	does it work?	montagne (f.)	mountain

monter	to go up	objet (m.)	object
montrer	to show	objet (m.) de valeur	valuable
morceau (m.)	piece, bit	être obligé(e) de	to have to
mot (m.)	word	obtenir	to gain, to get
moto (f.)	motorbike	s'occuper de	to deal with,
moules (f.pl.)	mussels		to take care of
mourir	to die	octobre	October
mousse au chocolat (f.)	chocolate mousse	œil (m.) (yeux pl.)	eye
moustache (f.)	moustache	œuf (m.)	egg
moyen(ne)	average	offrir	to offer
moyen (m.) de transport	means of transport	oignon (m.)	onion
musée (m.)	museum	on	one, we
musicien(ne)	musician	oncle (m.)	uncle
musique (f.)	music	onze	eleven
		opéra (m.)	opera
nager	to swim	opinion (f.)	opinion
naissance (f.)	birth	orage (m.)	storm
naître	to be born	orange (f.)	orange
natation (f.)	swimming	orange (f.) pressée	fresh orange juice
faire de la natation	to go swimming	ordinateur (m.)	computer
nationalité (f.)	nationality	oreille (f.)	ear
navet (m.)	turnip	oreiller (m.)	pillow
ne ... jamais	never	ou	or
ne ... pas	not	où	where
ne ... plus	no longer, no more	oublier	to forget
ne ... que	only	ouest (m.)	west
ne ... rien	nothing	Ouganda (m.)	Uganda
ne rien faire de spécial	to do nothing special	ougandais(e)	Ugandan
né(e)	born	oui	yes
neige (f.)	snow	outil informatique (m.)	computer package
il neige	it snows, it is snowing	ouvert(e)	open
neuf	nine	ouvrir	to open
neveu (m.)	nephew		
ni	neither	pain (m.)	bread
nièce (f.)	niece	pakistanais(e)	Pakistani
Nigéria (m.)	Nigeria	pamplemousse (m.)	grapefruit
nigérian/-ienne	Nigerian	en panne	broken down,
Noël (m.)	Christmas		out of order
noir(e)	black	pantalon (m.)	trousers
noix (f.)	walnut	Pâques (m.)	Easter
nom (m.)	name	par	through
nom (m.) de famille	surname	parc (m.)	park
au nom (de)	in the name (of)	parce que	because
nombre (m.)	number	pardon	excuse me, sorry, pardon
non	no	parcours (m.) scolaire	school career, education
nord (m.)	north	parents (m. pl.)	parents
Norvège (f.)	Norway	parfois	sometimes
note (f.)	mark	parking (m.)	car park
notre, nos	our	parler	to speak
nous	we, (to) us, ourselves	partir	to leave
nouveau/-elle	new	pas (m.)	step
novembre	November	pas	not
nuage (m.)	cloud	pas du tout	not at all
nuit (f.)	night	pas grand-chose	not a lot
nul(le) (coll.)	not nice, rubbish	pas mal de	quite a lot of
numéro (m.)	number	passer	to pass by, through

passer un coup de fil	to make a phone call (coll.)	à plein temps	full-time
passer un entretien	to have an interview	il pleut	it rains, it's raining
passer un examen	to sit an exam	pluie (f.)	rain
pâtes (f. pl.)	pasta	plus	more
pâtisserie (f.)	pastry / cake shop	plus ou moins	more or less
payer	to pay	plus tard	later
pays (m.)	country	à plus tard!	see you later!
Pays-Bas (m. pl.)	Netherlands	plusieurs	several
pays de Galles (m.)	Wales	pneu (m.) crevé	flat tyre
pendant	for, during	à point	medium done (steak)
penser	to think	pointure (f.)	shoe size
pension (f.)	guest house	poisson (m.)	fish
demi-pension (f.)	half-board	poissonnerie (f.)	fishmonger's
perdre	to lose	poivre (m.)	pepper
père (m.)	father	police (f.)	police
permettre	to allow	policier/-ère	policeman (woman)
permis (m.) de conduire	driving licence	politique (f.)	politics
personne (f.)	person	pollué(e)	polluted
personnes (f. pl.) handicapées	disabled people	Pologne (f.)	Poland
		polonais(e)	Polish
pétanque (f.)	boules	pomme (f.)	apple
petit(e)	little, small, short	porte (f.)	door
petit déjeuner (m.)	breakfast	port (m.)	port
petit-fils (m.)	grandson	portefeuille (m.)	wallet
petite-fille (f.)	granddaughter	porter	to carry, to wear
peu	not much	Portugal (m.)	Portugal
un (petit) peu	a (little) bit	portugais(e)	Portuguese
à peu près	more or less, about	possible	possible
peut-être	perhaps	poste (f.)	post office
pharmacie (f.)	chemist's shop	poste (m.)	job, position
pharmacien(ne)	chemist	poulet (m.)	chicken
philosophie (f.)	philosophy	pour	for
photographe (m. or f.)	photographer	pourboire (m.)	tip (money)
photographie (f.)	photography	pourquoi	why
piano (m.)	piano	pousser	to push
pièce (f.)	room, play	pouvoir	to be able, can
pièce (f.)	item, each	préférer	to prefer
pied (m.)	foot	premier/-ère	first
à pied	on foot	prendre	to take
ping-pong (m.)	table tennis	prénom (m.)	first name
pique-nique (m.)	picnic	près	near
piscine (f.)	swimming pool	se présenter	to introduce oneself
pittoresque	picturesque	prêt(e)	ready
place (f.)	seat, square	prêter	to lend
plage (f.)	beach	printemps (m.)	spring
se plaindre	to complain	prix (m.)	price
plan (m.)	street map	problème (m.)	problem
planche (f.) à voile	windsurfing	prochain(e)	next
plat(e)	flat, smooth	proche	near
plat (m.)	dish	professeur (m.)	teacher
plat (m.) du jour	dish of the day	profession (f.)	occupation
plat (m.) principal	main course	projet (m.)	plan, project
plein(e)	full	promenade (f.)	walk
plein de	lots of	se promener	to go for a walk
		proposer	to suggest

propre	clean	se renseigner	to find out, make enquiries
en provenance de	coming from	rentrer	to come, go back (home)
psychologie (f.)	psychology	réparer	to repair
puis	then	repas (m.)	meal
pull (m.)	jumper	répéter	to repeat
		répondre	to answer
quai (m.)	platform	réponse (f.)	answer
qualification (f.)	qualification	se reposer	to rest, to relax
quand	when	République tchèque (f.)	Czech Republic
quarante	forty	le RER (réseau express régional)	suburban Paris high-speed train
quart (m.)	quarter		
quart (m.) d'heure	quarter of an hour	réservation (f.)	booking
quartier (m.)	neighbourhood, area	réserver	to book
quatorze	fourteen	responsable (m. or f.)	manager, person in charge
quatre	four		
quatre-vingt-dix	ninety	responsable commercial(e)	commercial sales manager
quatre-vingts	eighty		
quatrième	fourth	responsable de	responsible (for)
que (conjunction)	that, than	restaurant (m.)	restaurant
que (pronoun)	that, what, which	reste (m.)	remainder, rest
qu'est-ce que c'est?	what is it?	rester	to stay
Québec (m.)	Quebec	résultat (m.)	result
québécois(e)	Quebecois	résumé (m.)	summary
quel(le)	what, which	retard (m.)	delay
quelque	some	être en retard	to be late
quelque chose	something	retourner	to go back
quelquefois	sometimes	retraite (f.)	retirement
quelques	a few	être à la retraite	to be retired
quelqu'un	someone	se retrouver	to meet up
question (f.)	question	se retrouver à	to meet someone at
qui	who, whom	réussir	to succeed, to pass
quinze	fifteen	se réveiller	to wake up
quitter	to leave	réveil (m.) automatique	early morning call
quoi	what	revenir	to come back
		rez-de-chaussée (m.)	ground floor
radio (f.)	radio	rien	nothing
raisin (m.)	grapes	de rien	don't mention it, that's ok
randonnée (f.) (à pied)	walking, hiking		
rapide	fast	rivière (f.)	river
rappeler	to call back, to call again	robe (f.)	dress
rater	to miss	rond(e)	round
réceptionniste (m. or f.)	receptionist	rose	pink
recevoir	to receive	roue (f.)	wheel
recherches (f. pl.)	research	rouge	red
faire des recherches	to do research	roumain(e)	Romanian
recommander	to recommend	Roumanie (f.)	Romania
réfrigérateur (m.)	fridge	route (f.)	road
refuser	to refuse	roux/rousse	ginger (hair)
regarder	to watch, to look at	Royaume-Uni (m.)	United Kingdom
région (f.)	region	rue (f.)	road, street
relaxant(e)	relaxing	rugby (m.)	rugby
remplir un formulaire	to fill in a form	russe	Russian
rencontrer	to meet	Russie (f.)	Russia
rendez-vous (m.)	appointment		
renseignements (m. pl.)	information		

sac (m.)	bag
saignant(e)	rare (steak)
saison (f.)	season
basse saison (f.)	low season
demi-saison (f.)	mid-season
haute saison (f.)	high season
salade (f.)	salad
sale	dirty
salle (f.)	room
salle (f.) à manger	dining room
salle (f.) de bains	bathroom
salle (f.) de séjour	living room
salon (m.)	sitting room
salon de jardin (m.)	garden table/chairs
salut!	hi!, goodbye! (informal)
samedi (m.)	Saturday
sandwich (m.)	sandwich
sans	without
sauce (f.)	sauce
sauce (f.) au poivre	pepper sauce
saucisse (f.)	sausage
saucisson (m.)	salami, cured meat
sauf	except
saumon (m.)	salmon
savoir	to know (something)
savon (m.)	soap
science (f.)	science
sciences (f. pl.) commerciales	business studies
sciences (f. pl.) de l'éducation	education
sciences (f. pl.) politiques	politics
se	himself, herself, themselves
sec/sèche	dry
second(e)	second
secrétaire (m. or f.)	secretary
seize	sixteen
séjour (m.)	stay, living room
séjour (m.) à l'étranger	stay abroad
sel (m.)	salt
selon	according to
semaine (f.)	week
à la semaine prochaine!	see you next week!
Sénégal (m.)	Senegal
sénégalais(e)	Senegalese
sens (m.)	direction, sense
sentir	to feel
se sentir à l'aise	to feel at ease
séparé(e)	separated
sept	seven
septembre	September
serré(e)	tight
serveur/-euse	waiter/waitress
serviette (f.)	towel
servir	to serve
seul(e)	alone
seulement	only
si	if
s'il te plaît, s'il vous plaît	please (informal, formal)
simple	simple
sinon	otherwise, or else
six	six
ski (m.)	ski, skiing
faire du ski	to go skiing
ski (m.) nautique	water skiing
snack bar (m.)	snack bar
SNCF (f.)	French national railways
société (f.)	company
sociologie (f.)	sociology
sœur (f.)	sister
soif (f.)	thirst
avoir soif	to be thirsty
soir (m.)	evening
à ce soir	see you this evening
soirée (f.)	evening
soixante	sixty
soixante-dix	seventy
solde (m.)	balance (to pay)
soleil (m.)	sun
son, sa, ses	his, her, its
sortie (f.)	exit, way out
sortir	to come/go out
souligner	to underline
soupe (f.)	soup
sous	under
souvent	often
se spécialiser	to specialise
sport (m.)	sport
faire du sport	to play sport
sportif/-ive	keen on sport, good at sport
sri lankais(e)	Sri Lankan
stage (m.)	work placement
stagiaire	person on work placement
station (f.) de métro	underground station
station (f.) service	petrol station
steak (m.)	steak
studio (m.)	bedsit, one-room flat
sucre (m.)	sugar
sud (m.)	south
sud-africain(e)	South African
Suède (f.)	Sweden
suffisant(e)	sufficient
suggérer	to suggest
Suisse (f.)	Switzerland
suisse	Swiss

suivant(e)	next, following	ton, ta, tes	your (singular, informal)
suivre	to follow	tôt	early
suivre un cours	to do a course	toujours	always
super	super, brilliant, great	tour (m.)	turn, tour (of a city)
supermarché (m.)	supermarket	tour (f.)	tower
sur	on	tour (m.) du monde	world trip
sûr(e)	sure, certain	tourisme (m.)	tourism
bien sûr	of course	tous les jours	everyday
surtout	above all, especially	tout(e), tous, toutes	every, all
sympa	nice, friendly	tout de suite	immediately
sweat (m.)	sweatshirt	à tout de suite	see you in a minute
		tout droit	straight ahead
tabac (m.)	tobacconist's	tout le monde	everyone
tableau (m.)	picture	traducteur/-trice	translator
taches (f. pl.) de rousseur	freckles	traduction (f.)	translation
taille (f.)	size	train (m.)	train
tante (f.)	aunt	trajet (m.)	journey, route
taper	to type	tram (m.)	tram
tard	late	tranquille	quiet
tarte (f.)	pie	transport (m.)	transport
tarte (f.) aux pommes	apple pie	travail (m.)	work
tartine (f.)	buttered bread	travailler	to work
tasse (f.)	cup	travailler dans une boîte	to work for a company
taxi (m.)	taxi	traverser	to cross
tchèque	Czech	treize	thirteen
te	(to) you, yourself	trente	thirty
technicien(ne)	technician	très	very
tee-shirt (m.)	t-shirt	trois	three
téléphone (m.)	telephone	trop (de)	too (much)
téléphoner à	to telephone	trop de monde	too many people
télévision (f.)	television	trouver	to find
télévision (f.) par satellite	satellite television	se trouver	to be situated, to find oneself
tellement	so much	truite (f.)	trout
temps (m.)	time, weather	tu	you (singular, informal)
de temps en temps	from time to time	turc(que)	Turkish
tenir	to hold, to keep	Turquie (f.)	Turkey
tennis (m.)	tennis		
tente (f.)	tent	un(e)	a, one
terminer	to finish	une fois	once
terrasse (f.)	terrace	uniforme (m.)	uniform
terre (f.)	ground	université (f.)	university
pas terrible	not very good	usine (f.)	factory
test (m.)	test	utile	useful
tête (f.)	head	utiliser	to use
TGV (m.)	high speed train		
thé (m.)	tea	vacances (f.pl.)	holidays
théâtre (m.)	theatre	vacances scolaires (f. pl.)	school holidays
ticket (m.)	ticket	vanille (f.)	vanilla
timbre (m.)	postage stamp	varié(e)	varied
toi	you	végétarien(ne)	vegetarian
toilettes (f. pl.)	toilet(s)	végétarisme (m.)	vegetarianism
faire sa toilette	to wash	veille (f.)	day before
tomate (f.)	tomato	vélo (m.)	bike
tomber	to fall	en vélo	by bike

vendeur/-euse	sales assistant
vendre	to sell
vendredi (m.)	Friday
venir	to come
vent (m.)	wind
vérifier	to check
verre (m.)	glass
vers	towards
vert(e)	green
veste (f.)	jacket
vêtements (m. pl.)	clothes
vétérinaire	vet
viande (f.)	meat
vie (f.)	life
vieux/vieil/vieille	old
village (m.)	village
ville (f.)	town, city
vin (m.)	wine
vingt	twenty
vingtième	twentieth
violon (m.)	violin
visite (f.)	visit
visiter	to visit
vitesse (f.)	speed
vivre	to live
vocabulaire (m.)	vocabulary
voici	here is, here are, here you are
voie piétonne (f.)	pedestrian route
voilà	there you are, here you are
voile (f.)	sailing
voir	to see
voisin(e)	neighbour
voiture (f.)	car, carriage
vol (m.)	flight
volley (m.)	volleyball
à volonté	help yourself
votre, vos	your (formal or plural)
à votre disposition	available
à votre service	you are welcome
vouloir	to want, to wish
vous	you (formal or plural), yourselves
voyage (m.)	trip
voyager	to travel
vrai(e)	real, true
vraiment	really
vue (f.)	view
vue sur la mer (f.)	sea view
week-end (m.)	weekend
wifi (f.)	wifi
y	there
yaourt (m.)	yoghurt
yoga (m.)	yoga
zéro	zero, nought

Additional unit vocabulary

UNIT 4

le lait	milk
les légumes (m)	vegetables
un livre	book
les médicaments (m)	medicine
le navet	turnip
l'oignon (m)	onion
la pièce	item, each
le pain	bread
les pâtes (f)	pasta
le poisson	fish
la pomme	apple
le raisin	grapes
la saucisse	(fresh) sausage
un timbre	stamp
la tomate	tomato
le yaourt	yoghurt
la viande	meat

UNIT 5

les heures creuses (f)	off-peak periods
louer	hire
en panne	broken down/out of order
le pneu crevé	a flat tyre

UNIT 7

avoir faim/soif	to be hungry/thirsty
encore	more
ensemble	together
le café gourmand	coffee and dessert
la mousse au chocolat	chocolate mousse
un verre/une bouteille de l'eau minérale (f.)	a glass/bottle mineral water
le vin blanc/rouge	white wine/red wine
la bavette/l'entrecôte (f)/ le rumsteak/la selle	flank steak/side of/ rump steak/saddle
les escargots (m)/ les bulots (m)	snails/ whelks
le kir	Kir (white wine and blackcurrant)

Answers

UNIT 1

1   **b** 1c; 2a; 3b.

3   je suis; je m'appelle; c'est

4   French; Scottish; Polish; Lithuanian;
Italian; Chinese; Sri Lankan; Senegalese;
American; Belgian; Turkish; Pakistani;
Nigerian; German; Greek; Spanish; Indian;
Swiss;
nurse; secretary; teacher; journalist;
student; care worker; actor; receptionist;
musician; technician; sales assistant; office
worker; sales manager; translator; graphic
designer; marketing assistant; actor

5   sri lankaise; allemande; espagnole;
grecque; chinois; étudiante; traducteur;
bibliothécaire; photographe

7   **a** améric<u>ain</u>; **b** ind<u>ienne</u>; **c** écoss<u>aise</u>;
d belge; **e** allem<u>and</u>; **f** secrét<u>aire</u>;
g étud<u>iant</u>; **h** technic<u>ien</u>; **i** vend<u>euse</u>;
j infirm<u>ier</u>

8   **a** Nazan/turque/vendeuse/Istanbul/Ankara;
b Saïd/pakistanais/aide-soignant/Karachi/
Londres; **c** Mesenge/sénégalais/étudiant en
physique/Dakar/Nice; **d** Matthias/suisse/
réceptionniste/Zurich/Londres; **e** Silva/
espagnole/étudiante en anglais/Barcelone/
Oxford; **f** Krystof/polonais/serveur/
Cracovie/Bruxelles

9   **b** 1; 3; 4; 7; 9; 12; 14; 15; 18; 25; 30; 44; 60

10 **a** appelle; **b** moi; **c** suis; **d** à; **e** suis; **f** de;
g directeur; **h** vendeuse

11 **a** Oui, c'est moi. **b** Je suis sénégalaise. **c** Je
suis de Dakar. **d** Je suis vendeuse.

12 **a** Vous êtes/Vous vous appelez Wei Chang?
b Vous êtes français? **c** Vous êtes d'où?
d Qu'est-ce que vous faites?

13 f; d; b; c; a; e; h; g.

14 **a** Comment tu t'appelles? **b** Qu'est-ce que
tu fais? **c** Tu es anglaise? **d** Tu es d'où? **e** Tu
habites où? **f** Tu travailles?

16 **a** Jacques Vandevelde; **b** belge; **c** Liège;
d étudiant; **e** Isabelle Chamfraud;
f canadienne; **g** habite à **h** est étudiante en

Extra!

1   **a** Clément Dufond/français/Bastia (Corse)/
sciences politiques/ne travaille pas;
b Gérard Denis/belge/Bruxelles/anglais
(langues)/le soir dans un bar; **c** Nathalie
Martin/française/Nice/biologie/ne travaille
pas; **d** Sylvie Lebon/française/Poitiers/
langues étrangères (anglais et espagnol)/
ne travaille pas; **e** Arthur Dumarre/
suisse/Lausanne/allemand et économie/
stage à mi-temps; **f** Béatrice Lemercier/
suisse/Genève/histoire/serveuse dans un
restaurant

2   **a** Paris; **b** law; **c** waitress; **d** engineer;
e Versailles; **f** looks after the baby/does not
work

Exercices de grammaire

1   **a** espagnol; **b** irlandaise; **c** sénégalais;
d galloise; **e** suisse; **f** belge; **g** grec;
h infirmière; **i** réceptionniste; **j** secrétaire;
k directeur; **l** vendeuse; **m** professeur;
n étudiante

2   **a** Elle ne s'appelle pas Mary. Elle est
étudiante. Elle n'est pas américaine. Elle
habite à Rome. Elle ne travaille pas au
bureau.
b Il s'appelle Laurent. Il n'est pas infirmier.
Il est français. Il n'habite pas à Toulouse. Il
travaille dans un café.

3   **a** Tu es Hélène? **b** Tu viens d'où? **c** Qu'est-
ce qu'elle fait? **d** Est-ce qu'il travaille? **e** Tu
habites où? **f** Tu es américaine? **g** Qu'est-ce
que tu étudies? **h** Comment elle s'appelle?

4   **a** Elle habite à Marseille? **b** Qu'est-ce qu'il
fait? **c** Tu es étudiant à Londres? **d** Est-ce
que vous êtes de Rome? **e** Comment tu
t'appelles? **f** Il travaille dans un café? **g** Vous
êtes d'où? **h** Elle n'est pas anglaise?

UNIT 2

3   salut!; tu travailles; j'ai un copain; une copine; congolais; français

4   at/to (somebody's) place; parents; brother; sister; half-brother/stepbrother; married; children

5   **a** her son; **b** her boyfriend and his daughter; **c** doctor; **d** four years old

6   **a** ta; **b** quel; **c** ans; **d** où; **e** à; **f** est; **g** étudiante; **h** travaille

8   **a** V; **b** F; **c** F; **d** F; **e** V; **f** F; **g** F; **h** V; **i** V; **j** F

9   Elle n'a pas de frère. **b** La sœur de Jordan s'appelle Axelle. **c** Le frère de sa copine a 18 ans. **d** Le père de Mohamed est le frère d'Idriss et de Salma.

10   **a** Nicole and Patrick. They are 57 and 62 respectively. His brother lives with his girlfriend and their son. **b** They are both 65. She has 2 nieces. **c** His mother is 54, his father 64 and his brother 35. His mother lives near Fontainebleau and his father and brother live in Paris. **d** His father is 75 and his mother 70. He has one sister, one niece and one nephew.

11   f; b; d; a; c; e

12   **a** Ce sont mes copines; **b** Ils travaillent à Londres; **c** Ils habitent à Paris; **d** Ce sont tes copains?; **e** Ils ont treize ans; **f** Mes amies sont étudiantes.

13   **a** F; **b** F; **c** F; **d** V; **e** V; **f** F

14   **a** 2; **b** 1; **c** 3

15   **a** ça; **b** ma; **c** veux; **d** un; **e** un; **f** manger; **g** merci; **h** un

Extra!

1   Possible answers
François: 1 brother/1 sister Isabelle lives in Belgium/lots of friends in Brussels
Anne-Marie: 1 younger sister/lots of friends everywhere: Bordeaux, Lille, Limoges, Nancy, Lyon/1 brother Arnaud from Lyon
Gabriella: 1 sister goes to university in Lyon/2 brothers still at school (college)/mother does not work/father works at the train station/not many friends/best friend lives near her

2   **a** 21; **b** She is a student there; **c** four; **d** no; **e** four sisters; **f** Southport

Exercices de grammaire

1   **a** habite; **b** ont; **c** s'appelle; **d** a; **e** est; **f** travaille; **g** s'appelle; **h** a; **i** est; **j** est; **k** habite; **l** travaille; **m** a.

2   **a** ma; **b** nos (plural); **c** notre/mon; **d** sa; **e** leurs (plural); **f** ton; **g** son

3   **a** ta; **b** notre; **c** des; **d** un; **e** le/mon; **f** son; **g** un/le; **h** un/mon; **i** votre; **j** un/ton

UNIT 3

2   **a** Je fais la cuisine; **b** Nous regardons la télé; **c** Je fais une dissertation pour le cours de philo; **d** Rien de spécial, nous lisons; **e** J'écoute de la musique; **f** Je mange.

4   2 g; 3 d; 4 h; 5 e; 6 j; 7 b; 8 f; 9 c; 10 i; 11 a; 12 k

5   lundi; mardi; mercredi; jeudi; vendredi; samedi; dimanche

6   samedi matin/faire le ménage; samedi après-midi/jouer au football; samedi soir/ boire un verre; dimanche matin/aller à la piscine; dimanche après-midi/regarder le sport à la télé

9   **a** il est deux heures et quart; **b** il est onze heures moins vingt-cinq; **c** il est cinq heures et demie; **d** il est minuit moins le quart; **e** il est huit heures dix; **f** il est neuf heures
b Il est quelle heure?/Quelle heure est-il (s'il vous plaît)?/Tu as l'heure (s'il te plaît)?/ Vous avez l'heure (s'il vous plaît)?

11 **a** Open Mon–Fri 7 a.m.–8.30 p.m. Closed Sat and Sun.
b Open Tues–Fri 9.30 a.m.–1.15 p.m. and 2–5.30 p.m. except Thurs 3–6.30 p.m. Open Sat 9 a.m.–1 p.m. and 1.45–4.15 p.m. **c** Open Mon 9 a.m.–7 p.m. and Tues–Sat 8 a.m.–7 p.m. Closed from Mon 28 Sept to Mon 5 Oct inclusive.

12 **a** je prends; je commence; je termine; je travaille; je vais; je pars; j'arrive; je finis; je mange
b i V; **ii** F; **iii** V; **iv** F; **v** V; **vi** V; **vii** F; **viii** V

14 **a** j'aime bien le sport; **b** j'aime beaucoup la planche à voile; **c** je n'aime pas beaucoup le football; **d** j'aime beaucoup le théâtre

15 **a** aller; **b** jouer; **c** jouer; **d** faire; **e** faire; **f** aller

16 **a** does not like going swimming, likes to play football and rugby, likes to go to the cinema; **b** does not like to dance, likes to play sport a lot, likes cycling and wind-surfing; **c** likes to go to the gym, to go shopping, to listen to music, hates going to the theatre; **d** does not like to watch television, likes to play cards, really likes to do yoga but does not like cooking

Extra!

1 Possible answers
Ricardo: lots of work/does sport/phones his friends/goes for walks/goes cycling
Anne: nurse, works nights/will go to friend's birthday party/will go to a club/will go to a restaurant
Daniela: lots of work/student of German and Italian/gets home late/only goes out at the weekend/goes swimming with her boyfriend

2 **a** to go shopping with her friends; **b** at nine o'clock; **c** has lunch; **d** goes to the gym; goes swimming; **e** She goes to a restaurant and then to see a film or to a bar or nightclub; **f** at midday

Exercices de grammaire

1 **a** Nous jouons du piano; **b** Tu joues au tennis; **c** Je vais au cinéma; **d** Vous allez à l'université? **e** Ils/elles jouent aux cartes; **f** Tu vas à la piscine?

2 **a** aime; **b** vais; **c** faire; **d** n'aime pas; **e** sors; **f** allons; **g** aimons; **h** n'est pas; **i** préfère; **j** aime; **k** adore

3 **a** Vous aimez faire du sport?; **b** Elle n'aime pas faire de la natation; **c** Nous aimons bien jouer aux cartes; **d** Il n'aime pas aller au cinéma; **e** J'aime regarder la télévision.

4 **a** Il doit aller à l'église le dimanche matin; **b** Je dois sortir ce soir; **c** Ils doivent aller au lit; **d** Tu dois boire quelque chose; **e** Nous devons travailler cet après-midi; **f** Vous devez faire du sport.

UNIT 4

1 **a** 9; **b** 3; **c** 4; **d** 5; **e** 7; **f** 8; **g** 1; **h** 2; **i** 6

2 **a** droite, droit, droite; **b** troisième, droite; **c** tout, première, gauche, droite

3 **a** bibliothèque; supermarché; bar-tabac. **b** Vous prenez la deuxième rue à droite, et c'est là, à gauche; Vous prenez la première rue à gauche, et c'est là à droite.

4 **a i** Statue du Petit Quinquin; **ii** Hôpital Militaire; **iii** Eglise St Maurice; **iv** la gare; **b i** Prenez la rue Nationale puis la deuxième à gauche. **ii** Traversez la place et prenez la rue de Paris. **iii** C'est à deux cents mètres, sur la droite.

6 **a** next to; **b** between; **c** opposite; **d** in front of; **e** on the corner of; **f** behind

7 **a** F: Le restaurant est à côté de la boucherie; **b** F: La bibliothèque est dans la rue des Alliés; **c** F: Entre la poste et le musée, il y a un théâtre; **d** V; **e** F: Le bar-tabac est au coin de la rue Dauphine et de l'avenue Gambetta; **f** V; **g** V; **h** F: Il y a un arrêt d'autobus devant la gare.

9 **a** a pair of trousers; **b** t-shirts; **c** the trousers are too small; **d** size 46; **e** a t-shirt; 18 euros

10 **Conversation 1** jupe/1/75€; jean/1/60€; sweat/1/55€; pull/1/100€; total 290€. **Conversation 2** veste/1/250€; chemise/2/55€; pantalon/1/180€; total 540€.

11 **a i** a pair of trousers, a shirt and maybe shoes; **ii** black trousers, a grey shirt and black shoes; **b i** Tu aimes ce pantalon?; **ii** Moi aussi; **iii** J'aime les deux; **iv** Je préfère les noires; **v** Tu veux les essayer?

13 **a** boulangerie-pâtisserie; marchand de fruits et légumes; boucherie; un marchand de journaux; **b** check your answers in the vocabulary section on page 48

15 **a** pain, lait, café, beurre, fromage, pâtes, tomates, courgettes, champignons, bonbons

Extra!

1 **a** T; **b** T; **c** F; **d** T; **e** F; **f** F

2 **a** blue dress and pink dress; **b** jumper and skirt; **c** 65 euros; **d** blue dress

Exercices de grammaire

1 **a** **a** prenez; **b** allez; **c** tournez; **d** traversez; **e** prenez; **f** continuez
b **a** prends; **b** va; **c** tourne; **d** traverse; **e** prends; **f** continue

2 **a** la; **b** de la; **c** de l'; **d** du; **e** de l'; **f** du; **g** la; **h** la; **i** le

3 **a** l'; **b** la; **c** la; **d** les; **e** l'

4 **a** cette; **b** ces; **c** ce; **d** cette; **e** ces; **f** cet

5 **a** les chemises roses; **b** les tee-shirts blancs; **c** les pantalons rouges; **d** les jupes bleues; **e** les gilets gris; **f** les robes jaunes

UNIT 5

1 le Portugal; Porto; la Suisse; l'Italie; Rome; la Grèce; les Pays-Bas; le Danemark; l'Espagne; Madrid

2 **a** à; **b** au; **c** en; **d** en; **e** en; **f** aux; **g** à; **h** en

3 **a** vais; **b** en; **c** vais; **d** vais; **e** à; **f** aller; **g** vais; **h** en; **i** aller; **j** en; **k** allez

6 **a** pedestrian zone; **b** metro/underground; **c** bus; **d** parking/two wheels/mopeds/cycles; **e** réseau express régional/express local train lines; **f** port/harbour

7 **a** 10.11; **b** three 2nd class tickets; **c** 10.52; **d** platform 2

9 **a** réservation; **b** deux; **c** à; **d** partir; **e** 9 heures; **f** correspondance; **g** arrive; **h** 226; **i** réservation; **j** composter

11 1 d; 2 e; 3 b; 4 g; 5 c; 6 f; 7 a

12 **a** le 07.58 de Paris-Nord; **b** le 08.00 ou le 08.09; **c** le 07.58 ou le 08.28

13 1 b; 2 a; 3 c

14 **a** vas; **b** partir; **c** train; **d** cher; **e** vendredi; **f** 100; **g** aéroport; **h** beaucoup

17 **a** prends; **b** tram; **c** cher; **d** rapide; **e** vélo; **f** voiture; **g** cher; **h** circulation

18 **a** 3; **b** 6; **c** 5; **d** 1; **e** 2; **f** 4

19 c; g; d; b; a; f; e

Extra!

1

	train no.	from	to	platform	track	delay
a	993	Nantes	–	2	4	–
b	625	–	Marseille	6	8	–
c	289	–	Lyon	–	–	25 mins
d	418	Paris	Avignon	7	14	–
e	472	–	Grenoble	–	–	10 mins
f	325	Mâcon	Valence	–	–	15 mins
g	591	Saint-Etienne	–	8	10	–

2 **a** 4; **b** underground and bus; **c** Saturdays 9 a.m.–5 p.m.; **d** 0.12; **e** one every minute

Exercices de grammaire

1   a au; b aux; c en; d en; e au; f en; g au;
     h aux; i en; j en; k en; l au; m en; n en; o en;
     p en

2   a Je vais prendre le train pour Milan;
     b Nous allons prendre l'avion pour Rome;
     c Ils vont partir pour Naples; d Elle va
     prendre le bateau pour la Corse; e Tu vas
     visiter la ville pour acheter des souvenirs?;
     f Vous allez sortir avec Pierre ce soir?

3   a veulent; b peut; c faut; d voulez; e veut;
     f pouvons; g faut; h peuvent

4   a Comment est-ce que tu vas à Bordeaux?
     J'y vais en voiture; b Est-ce qu'ils vont en
     France mardi? Ils y vont lundi; c Est-ce
     qu'elle va au supermarché tous les jours?
     Elle y va tous les jours; d Comment est-ce
     que vous allez au travail? Nous y allons à
     pied; e Est-ce que tu vas à Paris en avion?
     J'y vais en Eurostar.

UNIT 6

1   a F – 81,50€; b V; c V; d F – 58€; e V; f V;
     g F – 11 a.m.; h F – the restaurant is closed
     on Tuesdays

2   conversation 1: 1; 2; 2; 85€; conversation
     2: 1; 1; 1; 95€; conversation 3: 3; 6; 4; 97€

3   Stankevitch; Herbolin; Rebayi

4   a 4; b 5; c 6; d 2; e 1; f 3

5   d 5; c 7; j 6; h 1; a 9; g 4; i 10; f 2; b 8; e 3

6   a a 7; b 6; c 5; d 3; e 2; f 4; g 1

     b a shower not working/water cold/press
     red switch; b no pillows/normally are in
     the wardrobe/also problem with satellite/
     will check

7   f, c, h, d, b, e, a, g

9   a morning call/available; b swimming
     pool is open; c the following cards;
     d traveller's cheques and cash; e 24 hours a
     day; f is served; g satellite TV is available;
     h management is not responsible

11   a F; b V; c V; d F

12   pas mal = bien; petit = grand; pittoresque
     = beau; deuxième = premier; terrasse =
     jardin; équipe = confortable; moins = plus

13   extra sofa in the lounge/washing machine
     is not in the kitchen any more, it is in the
     bathroom/added a TV set and a phone
     in the first bedroom/added a cot in the
     second bedroom/swimming pool open
     between 9 a.m. and 8 p.m.

14   Judith: l'hôtel est loin de la gare; la
     chambre est toute petite; la chambre est au
     cinquième étage et il n'y a pas d'ascenseur;
     il n'y a pas d'eau chaude; l'électricité ne
     fonctionne pas; il n'y a pas de wifi;
     Joffrey: barbecues pour tous les invités;
     petite terrasse avec jardin en face de la
     mer; des chaises longues pour profiter du
     soleil et bronzer; faire du yoga, faire du
     jet-ski, faire de la plongée sous-marine; le
     casino, les discothèques à Monaco

Extra

1   1 Saint Denis; 2 Beau site; 3 Beau site;
     4 Saint Denis; 5 Les Pinsons; 6 Saint Denis/
     Les Pinsons.

2   Possible answers
     Customer 1: wants to book rooms for next
     week for three days (Friday to Sunday)/
     one double room with toilet and one single
     room/wants sea view, satellite TV and
     fridge/will arrive Friday around 3 p.m.
     Customer 2: problems/shower is not
     working/no hot water/only cold/window
     does not close/noisy in the street/wife can't
     sleep/TV is not working

Exercices de grammaire

1   a me; b me; c nous; d nous; e nous; f se;
     g se; h se; i nous

2 a Nous ne nous réveillons pas avant dix heures; b Tu te lèves tôt aujourd'hui!; c Vous ne vous habillez pas?; d Elles se promènent dans le jardin; e Elle ne se douche pas tous les matins; f Je vais me réveiller tôt demain.

3 a Le salon dans la deuxième maison est plus agréable que dans la première maison; b La cuisine dans la première maison est moins pratique que dans la deuxième maison; c La salle de bains est aussi moderne dans la première maison que dans la deuxième maison; d Le jardin est plus tranquille dans la première maison; e Le garage dans la deuxième maison est moins spacieux; f Les chambres sont plus grandes dans la deuxième maison.

4 a une; b de; c une; d de; e de; f une.

UNIT 7

1 a 3; b 10; c 9; d 7; e 8; f 6; g 2; h 5; i 1; j 4

2 1 a pourrais lui parler; b peux lui laisser 2 a pourrais-je; b n'est pas là; c pourrait me; d un message

3 a going out at the weekend; b to go dancing – to go to a restaurant and then to a nightclub; c She is going to telephone them this evening; d Saturday evening at 8 p.m. in front of the railway station

5 a tall and not very fat/short brown hair/ brown eyes/wearing glasses/beard and moustache; b short and slim/long blond hair/blue eyes/freckles/not wearing earrings

6 a Raphaël: very tall, slim, short brown hair and green eyes; b Pierre: shorter than Raphaël, long blond hair and blue eyes, beard and glasses

7 a veux; b cours; c quart; d encore; e connais; f comment; g grand; h cheveux; i courts j barbe; k yeux

9 a Man: Starter: raw vegetables; Main course: vegetarian dish; Dessert: cheese; Drink with meal: beer and bottle of red wine; Woman: Starter: snails; Main course: steak (medium done) with pepper sauce (dish of the day); Dessert: ice cream, two scoops of vanilla and one scoop of chocolate; Drink with meal: kir and bottle of mineral water; b plat du jour

11 a V; b F; c F; d F; e V; f V

12 je voudrais commander; je prends la salade verte; je vais prendre le steak-frites; bien cuit; la tarte aux pommes; vin rouge; après mon dessert

13 a 3; b 5; c 4; d 1; e 7; f 8; g 6; h 2

Extra

1 a Etienne for Solange; b 7 p.m. on Thursday, café du Commerce, opposite the cinema; c have a drink and then go to see a film

2 a She has a new boyfriend; b 1m 80 tall, curly black hair and blue eyes; c two weeks; d south-west France; e Ridvan: windsurfing; Mélodie: sunbathing

Exercices de grammaire

1 a Je voudrais …; b On pourrait …; c Elle voudrait …; d Il pourrait …; e Je pourrais …

2 a Tu vas lui téléphoner; b Ils vont leur parler?; c Elle va lui dire quelque chose; d Vous lui donnez de l'argent?; e Elles vont leur donner des bonbons?

3 on aime sortir; on va au restaurant; on adore; on va au cinéma; on rentre; on fait; on joue.

4 a Oui, j'en prends; b Non, ils n'en ont pas; c Oui, elle en a; d Non, je n'en veux pas; e Oui, il en mange; f Non, il n'y en a pas.

UNIT 8

1 **b** ai vu; a mangé; a dansé; ai dormi; ai pris; ai lu; as fait; ai fait; ai perdu; ai dû; ont retrouvé; ai passé; ont acheté; avez fait; ont préféré; avons regardé
c voir; manger; danser; dormir; prendre; lire; faire; faire; perdre; devoir; retrouver; passer; acheter; faire; préférer; regarder

2 **a** 1 with her English friend; 2 They visited museums, saw a play and a film; 3 He finished an essay; 4 He ate and drank a lot on Saturday evening.
b **a** ai fait; **b** a visité; **c** a vu; **d** ai fini; **e** a invité; **f** a fait; **g** a bu; **h** a dormi

3 Elise a fait plein de choses avec sa copine anglaise; elles ont visité des musées, elles ont vu une pièce de théâtre et un film. Jean-Marc a fini sa dissertation samedi. Le soir, il a invité des amis à dîner. Sa copine Isabelle a fait un plat indien très épicé. Ils ont bu plein de bière et ils ont dormi toute la journée dimanche.

5 1 d; 2 a; 3 e; 4 c; 5 b

6 **a** c; i; d; b; h; e; a; g; j; f

7 Rami a dû travailler pour son père; son téléphone ne marche pas

8 **a** Je n'ai pas pu venir à la soirée; **b** parce que j'ai rencontré un vieux copain dans la rue; **c** il a proposé d'aller dans un bar; **d** on a beaucoup bu; **e** je n'ai pas vu l'heure; **f** j'ai raté le dernier bus

9 **a** V; **b** V; **c** F – they stayed in a hotel; **d** F – they ate paella; **e** V; **f** F – he went with his brother; **g** F – the weather was very nice, very hot; **h** V; **i** V; **j** V

11 **a** vacances; **b** suis; **c** Où; **d** combien; **e** semaine; **f** promenades; **g** allé; **h** fait; **i** Quand; **j** trois

12 **a** **Benoît:** Normandie/2 semaines/mauvais/lire et dormir; **Sarah et Michel:** Corse/1 semaine/beau/plage, ski nautique

13 1 il y a du soleil; 2 il y a des nuages; 3 il pleut; 4 il neige; 5 il y a du vent; 6 il y a du brouillard; 7 il y a de l'orage

14 **hiver** il fait très froid et il neige beaucoup; **printemps** il pleut souvent; **été** il fait très chaud et très humide; **automne** il fait beau et il y a de belles couleurs

Extra!

1 Possible answers
Muriel: spent weekend with parents/Saturday went shopping/went to the restaurant/Sunday worked at the baker's/had lunch with Jean in the village restaurant/watched TV in the afternoon
Stéphane: had a good weekend/Saturday did some DIY/Sunday invited neighbours around for a drink
Loulou: went rock climbing with friends/camped outside/problem with mosquito bites and heavy rucksacks/backache but happy
Bernard: Saturday played the guitar with his band/evening concert in a bar/celebrated their success till late/slept late on Sunday/did not work

2 **a** to the Alps for three weeks; **b** went on cycle trips – hard but they saw wonderful countryside; **c** they followed its route; **d** fine, but not too hot and with some clouds; **e** good, traditional and not expensive; **f** fit; **g** He is working in his father's office because he has no money left.

Exercices de grammaire

1 **a** avons; **b** suis; **c** est; **d** ont; **e** sont; **f** as

2 **a** J'ai fait de la planche à voile; **b** Vous avez aimé ce film?; **c** Elles n'ont pas pris l'avion; **d** Mes amis sont restés ici pendant une semaine; **e** Tu es allée en vacances?; **f** On a dû partir à dix heures; **g** Nous sommes rentrés le 20 juillet; **h** Elle n'est pas partie aux Etats-Unis.

3 **a** ai parlé; **b** a passé; **c** est allée; **d** sont restés; **e** ont loué; **f** ont fait; **g** ont vu; **h** ont adoré; **i** ont décidé

4 **a** pendant; **b** il y a; **c** pendant; **d** pendant; **e** il y a; **f** Il y a

UNIT 9

1 1980>1990; trois>quatre; 8 ans>mois; 1998>1999; j'habite>je travaille

2 **a** pendant; **b** depuis; **c** pendant; **d** depuis

3 Past: Il est né en 1975. Il a habité en Tunisie pendant 3 ans avec ses parents. Il a déménagé en France en 1978. Ses parents ont travaillé à Marseille pendant 10 ans. Present: Son père est à la retraite. Sa famille habite à Toulouse depuis 4 ans. Mustapha et son frère étudient l'anglais depuis 3 ans. Son frère travaille depuis 6 mois dans une entreprise en informatique.

5 **a** two weeks; **b** As soon as she arrived she felt happy/at ease; **c** English and Japanese; **d** yesterday morning

6 **a** s'inscrire, remplir, se renseigner, s'installer; **b** **i** journalism, **ii** humanities degree – English literature, **iii** one week, **iv** to the university, **v** make some phone calls, **vi** she suggests they go to her place to have a coffee

7 **a** depuis; **b** sens; **c** installée; **d** m'; **e** suis; **f** inscrite; **g** me

8 **Anne:** Lyon, Londres; anglais – 5 ans à l'école; habite à Londres depuis 2 ans; études – droit; avocate
Joffrey: Tours, études à Toulouse; Grenade, échange Erasmus, 5 ans; parle espagnol; Londres depuis 4 ans; responsable commercial

10 **a** F; **b** F; **c** F; **d** V; **e** F

11 **a** baccalauréat; **b** licence; **c** master; **d** stage; **e** événements; **f** bilingue; **g** assistant

commercial; **h** formation; **i** DUT; **j** séjour linguistique

12 c; e; i; b; a; g; f; h; d; k; j

13 **1** Julia est de Birmingham. Elle a une licence en littérature italienne. En 2005 elle s'est inscrite pour faire une formation d'enseignante. Elle l'a réussie avec mention très bien. Elle a déménagé à Londres il y a six mois et elle enseigne depuis deux mois.
2 John est né à Manchester. Il a une licence en littérature anglaise et il a passé cinq ans en Europe. Il a travaillé comme serveur et professeur d'anglais. Il travaille à Londres comme professeur depuis deux ans.
3 Carmen est bilingue espagnol-anglais. Elle a fait un master et elle s'est inscrite pour faire une formation d'enseignante l'année dernière. Elle l'a réussie avec mention très bien. Elle n'a pas d'expérience de l'enseignement.

14 **a** 4; **b** 1; **c** 2; **d** 3

15 **a** reçu; **b** passer; **c** travaillé; **d** depuis; **e** stage; **f** obtenu; **g** fini; **h** encore; **i** économie; **j** master, **k** bonne

Extra!

1 **a** marketing manager; **b** degree in business studies with distinction; marketing diploma; **c** marketing studies; **d** six months with Nestlé at Vevey in Switzerland; **e** did a one-year intensive course in French and speaks it fluently.

2 **Femme:** master de commerce, stage informatique/6 mois dans le service marketing de la société, 3 mois en Italie/ italien – couramment + un peu de russe
Homme: licence de commerce/2 mois dans le service import-export de la société + 1 an dans une société française à Londres/ anglais – couramment

Exercices de grammaire

1 **a** J'ai habité en Australie pendant trois ans; **b** Ils travaillent en Angleterre depuis deux mois; **c** Elle a étudié l'anglais à l'école pendant cinq ans; **d** Ils apprennent le français depuis trois mois; **e** Vous y avez habité pendant combien de temps?

2 **a** Claudia s'est inscrite à l'université en 2013; **b** Aziz s'est renseigné pour entrer dans l'école de commerce; **c** Ils se sont beaucoup amusés à Paris; **d** Claudia s'est mise à apprendre l'espagnol; **e** Aziz s'est mis à faire de la natation; **f** Claudia et Aziz se sont installés dans un appartement près de la Sorbonne.

3 **a** Non, je ne me suis pas inscrit(e) à l'université; **b** Non, elle ne s'est pas renseignée pour les cours de japonais; **c** Non, nous ne sommes pas installés dans notre nouvelle maison; **d** Non, elles ne se sont pas ennuyées; **e** Non, il ne s'est pas amusé; **f** Non, elles ne se sont pas senties à l'aise en France.

4 **a** Oui, je l'ai passé; **b** Oui, je l'ai envoyé; **c** Oui, elle l'a obtenu; **d** Oui, il les a réussis; **e** Oui, elles l'ont contactée; **f** Oui, je l'ai rencontrée.

UNIT 10

1 **a** He is going to do volunteer work in Vietnam; he is leaving in a week's time, he is flying on 18 July; he will be in a small village in the north-east, deep in the countryside; he will teach French to the village children and help build a new school; he will be part of a group of volunteers; they will sleep in tents. **b** iras; feras; enseignerai; aiderai; logeras; sera; aura

3 **a a** prendrai; **b** irai; **c** resterai; **d** passerai; **e** ferai; **f** retournerai; **g** retrouverai; **h** louerai; **i** rentrerai.

b a prendra; **b** ira; **c** restera; **d** passera; **e** fera; **f** retournera; **g** retrouvera; **h** louera; **i** rentrera.

4 **a** Parce qu'il sera en vacances; **b** Il y restera une quinzaine de jours; **c** Il rentrera à Paris et il travaillera dans une compagnie de télémarketing; **d** Il payera son loyer; **e** Elle ira peut-être dans le Midi avec son copain, dans la villa de ses parents; elle pourra se baigner dans la piscine et dans la mer.

6 e, b, i, c, d, h, j, g, f, a, k

7 terrible>génial; pas mal>bien; chantent>jouent; sympa>bonne; trouvez>pensez; beaucoup>vraiment; nuls>mauvais; super>fantastiques; intime>sympa; musicien>groupe

9 **a** V – in a publishing company; **b** F – she wants to improve it and take tests; **c** V; **d** F – it is new to her; **e** V; **f** F – he's looking forward to discovering it; **g** F – he's interested in the music industry; **h** V

Extra!

1 **a** Emily: since the weekend, renovation (painting, decoration), Saint Césaire (near Nice), economics (3rd year); **b** Valentin: 10 days ago, renovation (painting, decoration), Lille, business studies; **c** Coralie: 2 weeks ago, looking after the children (games, some French teaching), Paris, accountancy; **d** Mehmet: 2 weeks ago, cooking, Nantes (Brittany), engineering

2 **a** hitchhiking; you have to have time, be patient and be careful; **b** sharing a car with other people; **c** driving a car (for a car rental company) back to the country it was rented from; **d** 'couchsurfing': you offer a free bed in your home; 'co-location': you share the rental of a home; **e** youth hostel

Exercices de grammaire

1 **a** Quand est-ce que tu iras en vacances? **b** Ce soir, nous sortirons avec des copains.

c J'aurai 21 ans en décembre. d On verra!
e Ils prendront le train jusqu'à Lille.
f Vous ferez un stage en entreprise? g Elles
arriveront bientôt. h Il viendra peut-être
avec nous.

2 a irons; b prendrons; c logerons;
d pourrons; e ferons; f nous reposerons;
g lirons; h aurons; i devrons; j serons

3 a lui; b eux; c toi; d Moi; e elle; f moi; g toi

SUPPLEMENTARY EXERCISES

Unit 1

1 a 6; b 4; c 1; d 2; e 3

2 d; g; e; b; h; c; a; f

3 a Bonjour! Ça va? b Au revoir, monsieur;
c Je suis allemande; d Vous êtes américain?
e Tu es étudiante? f J'habite à Londres mais
je suis de Glasgow.

4 a Elle s'appelle Natasha. Elle est américaine.
Elle habite à New York mais elle est de
Chicago. Elle est étudiante en histoire de
l'art; b Il s'appelle Bob. Il est irlandais. Il
habite à Belfast mais il est de Dublin. Il
est technicien; c Elle s'appelle Malika. Elle
est marocaine. Elle habite à Lille mais elle
est de Paris. Elle est serveuse; d Il s'appelle
Luca. Il est italien. Il est de Milan mais il
habite à Rome. Il est acteur.

6 a 20; b philosophy; c Naples; d because he
likes French people, French food, literature,
cinema and philosophy; e when he was
11; f because she is from Zurich; g because
they are very interesting; h He is a waiter in
an Italian restaurant.

Unit 2

1 1 e; 2 a; 3 b; 4 c; 5 d; 6 g; 7 f

2 a habites; b étudiant; c j'ai; d son; e est

3 a Il a 19 ans; b Ils ont quel âge?; c (Est-ce

que) tu as des frères et des sœurs?; d Nous
habitons avec notre frère; e Ils ont un fils et
une fille; f Sa fille a six ans; g Mon copain
travaille avec son père; h (Est-ce que) tu
habites avec tes parents?

7 a Vous voulez un sandwich?; b Tu veux
quelque chose à boire?; c Non, pas pour
moi merci; d Tu veux un café?; e Un
chocolat chaud pour moi.

Unit 3

1 a Paris, 12.30 p.m., having lunch;
b Brussels, 12.30 p.m., eating a sandwich
in the office; c Quebec, 7.30 a.m., having
breakfast after having been jogging;
d Kinshasa, 1.30 p.m., university law
lecture; e Beirut, 2.30 p.m., swimming pool
with her brother and her cousin; f Tahiti,
11.30 p.m., night club with friends.

2 a suis; b commence; c termine/finis;
d mon/le; e des; f après; g les/nos;
h prenons; i fais; j vais; k arrive

3 a 1 3rd speaker (Anya); 2 5th speaker
(Roger); 3 1st speaker (Pierre); 4 4th
speaker (Stéphanie); 5 2nd speaker (Bruno)
b i 3; ii 4; iii 1; iv 5; v 2

4 1 d; 2 a; 3 f; 4 e; 5 c; 6 b

Unit 4

1 d; f; j; e; a; h; g; b; i; c

2 a garage; b lire; c bibliothèque; d puis

3 a Pardon, vous savez où est l'office de
tourisme? b Est-ce qu'il y a une poste près
d'ici? c Est-ce que la bibliothèque est à côté
de la gare? d C'est loin?

5 a Oui, je l'aime; b Non, je ne l'aime pas;
c Non, elle ne l'aime pas; d Oui, ils l'aiment;
e Oui, il l'aime; f Oui, je les aime.

6 **Horizontal:** pomme, chocolat, fromage,
pain, tomate, viande, pâtes, eau, riz, sucre,
vin, bonbons, poisson. **Vertical:** huile,
fruits, yaourt, lait, raisin, carotte, saucisse.

Unit 5

1 **a** 4; **b** 8; **c** 3; **d** 7; **e** 6; **f** 2; **g** 1; **h** 5

2 b; i; d; c; h; a; j; e; k; f; g

4 b; d; a; c

5 **a** aller; **b** y; **c** en; **d** grève; **e** faut; **f** nous; **g** en; **h** à; **i** faut; **j** ma; **k** en; **l** à

Unit 6

1 **a** voudrais; **b** quel; **c** nom; **d** combien; **e** personnes; **f** lits; **g** plaît; **h** fait; **i** fait; **j** prenez

2 **a** (Est-ce qu') il y a un parking privé dans l'hôtel?; **b** Où est l'ascenseur, s'il vous plaît?; **c** A quelle heure est-ce que vous servez le petit déjeuner?; **d** J'ai un problème dans/avec ma chambre; **e** Il n'y a pas de serviettes dans la salle de bains; **f** L'ascenseur au troisième étage ne marche pas.

3 **a** barbecue; **b** piscine; **c** printemps; **d** se lever; **e** réservation

4 **a** Constantopoulou; **b** Tamelikecht; **c** Wolfreys; **d** Lavillatte

Unit 7

1 **a** Allô; Pourrais-je parler à Helen, s'il vous plaît?; Ne quittez pas, je vous la passe; Merci. **b** Allô; Fatima est là?; Désolé, elle n'est pas ici; Est-ce que je peux laisser un message? **c** Allô; Allô, je voudrais parler à Ben, s'il vous plaît; Désolé, il n'est pas là; D'accord, je vais rappeler plus tard. D'accord, c'est bien. **d** Allô; Je pourrais parler à Katarina, s'il vous plaît?; C'est moi; Bonjour/Salut, c'est Florence.

2 **a** c'est; **b** Qu'est-ce que; **c** dit/dirait; **d** va; **e** se voit/retrouve

4 **a** Isabelle est française et elle a 25 ans. Elle est petite et elle a les cheveux blonds et longs et les yeux bleus. **b** Alain est anglais et il a 33 ans. Il est grand et mince et il a les cheveux bruns. Il a les yeux verts, une moustache et une barbe. **c** Joshua est américain et il a 50 ans. Il est très grand et gros. Il a les cheveux noirs et courts et les yeux bleus. Il porte des lunettes. **d** Sinead est irlandaise et elle a 17 ans. Elle est grande et mince et elle a les cheveux roux. Elle a les yeux verts et des taches de rousseur.

5 1 g; 2 f; 3 e; 4 a; 5 b; 6 c; 7 d

6 **a** steak; **b** truite; **c** pomme; **d** addition

7 k; c; f; g; b; a; i; d; e; h; j

Unit 8

1 **a** Nous avons passé un week-end excellent; **b** Qu'est-ce que tu as fait samedi soir? **c** Je n'ai pas pu venir parce que j'ai dû travailler; **d** Ils ont eu un problème avec leur voiture; **e** Lucie a adoré Paris, elle a visité tous les musées; **f** Je n'ai pas vu le film, mais j'ai lu le livre.

3 **a** Ils ont raté le dernier métro; **b** J'ai mangé dans un bon restaurant; **c** Qu'est-ce que tu as fait? **d** Nous avons passé un très bon week-end; **e** Il a eu un problème avec sa voiture; **f** Elle n'a pas pu venir avec nous.

4 **a** mon; **b** allés; **c** sale; **d** vu/visité; **e** pris; **f** a; **g** fait; **h** passé; **i** mangé; **j** est; **k** beaucoup; **l** l'; **m** décidé; **n** as

5 (Suggested answer:) Chère Carole, Merci pour ta lettre. Tu as de la chance d'avoir passé tes vacances d'été en Inde. Veinarde! Il y a deux ans je suis allée en Inde aussi et j'ai beaucoup aimé. Vraiment, je trouve ce pays superbe. Malheureusement, cet été je n'ai pas pu partir en vacances et j'ai dû rester à Lille pour travailler. C'est la vie! En juillet, j'ai trouvé un travail dans un restaurant qui n'est pas loin de chez moi. J'y ai travaillé pendant un mois. Pendant le mois d'août, j'ai dû étudier pour préparer mes examens

et je vais les passer la semaine prochaine.
Heureusement, j'ai aussi eu un peu de
temps pour me relaxer. En juillet une
vieille amie est venue me voir à Lille et on
a fait plein de choses ensemble.
A bientôt j'espère.
Amalia

Unit 9

2   a Ils travaillent à Brighton depuis six mois;
b J'ai habité à Londres pendant six ans;
c J'ai commencé mes études en 2015; d Je
les ai terminées l'année dernière; e Je les
ai trouvées très intéressantes; f Je me suis
inscrite en cours de langues; g Je me suis
bien installé en France.

3   1 **Nadine**: English degree from Manchester
University; graduated in 2010. Went to
India in 2011 and worked in a primary
school for a year. Currently working in a
secondary school in Dakar. Been in post
for two years. Next year she is going to
return to England to do a Master's degree
in education; 2 **Kofi**: Has a Master's degree
in computing. Finished in 2011. From
2011 to 2014 worked for a bank in Lille.
Has been working for an internet company
for two years and is starting to get bored
and would like to find a different job;
c **Elizabeth**: Has a degree in maths. When
she finished her degree she decided to go
travelling. She went to New York and spent
nine months there. She has worked as a
waitress in a bar, and as a receptionist in
a hotel and even done some babysitting.
She would like to find a permanent job in
London and would like to do a Master's
degree in statistics.

4   a fini; b licence; c fait; d depuis;
e connaissance; f me; g inscrite; h réussi;
i me

Unit 10

a Je voudrais partir à l'étranger pendant un
an. b J'irai peut-être en Angleterre pour
étudier l'anglais. c J'ai l'intention de faire
un master en traduction. d Quand j'aurai
mon diplôme, je chercherai du travail. e J'ai
envie de travailler pour une organisation
internationale. f J'espère que je trouverai un
travail bien payé.

2   a The exams are starting soon and he
has to finish two essays and hand in his
dissertation; b in two months' time; c He
thinks that they last too long; d He hopes
to find work in another town, but before
that he intends to go on a long holiday;
e It's too big, there are too many people,
too much pollution and everything is
expensive; f work to earn enough to travel
somewhere exotic

4   a For having good grades. b She will miss
her, she was a pleasure to teach. c She
enjoyed her classes, she learnt a lot. d She
wants to work, earn a living. She is going to
do an internship that might lead to a job.
e She will get a small salary, enough to pay
the rent and her living expenses.

Index